現代の日本
―その人と社会

小室敦彦　原著
謝　良宋　註解

鴻儒堂出版社發行

目　　次

はじめに

　ここに再度，台湾における中級以上の日本語学習者のために，テキストを作ることになった。その目的・ねらいについては，拙著「現代日本人の生活と心」（Ⅰ・Ⅱ）〔鴻儒堂発行〕の序文に記したとおりである。要するに日本語を勉強するとともに，日本人の考え方・行動様式，日本の社会のしくみと慣習などを理解してもらうことにある。とかく語学教科書は文例が抽象的で，内容も片苦しく無味乾燥なものが多い。これは苦痛以外の何ものでもなかろう。

　本書は，楽しみながら日本語学習と日本理解が同時にできるよう，最新の日本社会のできごとをなるべく平易な文章で書き綴ったものである。

　「同文同種」などと言われる中国と日本だが，ものの考え方から社会のしくみまで，決して一様ではない。そうした違いを本書を学ぶことにより理解していただければ，これにまさる筆者の喜びはないであろう。

尚，今回も前回と同じように，原稿全体にわたって，台湾在住の日本語教育の重鎮である荒井孝先生に目を通していただき，謝良宋先生に中国語の注解の労をとっていただいた。ここに深甚なる謝意を表する次第である。

神奈川県立深沢高等学校にて

小室敦彦　記す

1. 日本のプロ野球

(1)

野球は日本の国技ではないが，他のあらゆるスポーツの中で最も人気がある。プロ野球を頂点として，各会社中心に組織された社会人野球，大学野球，高校野球，それにリトル　リーグ（以上，硬球を使う野球）があり，又，日本で始められた軟式野球も中学生以上の各年齢層に親しまれている。（各町内には，町内野球チームがあり，日曜日などは，グランドで，朝から晩まで歓声がとびかっている。）

その中で，国民的関心を集めているのは，プロ野球と高校野球であろう。世界の中で，プロ野球が成立しているのは，アメリカ・日本・韓国しかない。なぜ，日本では，プロ野球がこんなに人気があるのだろうか。ここで，プロ野球の実態をいろいろな面からみてみよう。

(2)

日本のプロ野球の成立は，1934年のことだが，現在のように，2つのリーグに分かれ，それぞれのリーグのチャンピオン

が，日本一を決定するしくみ（7試合中，どちらか先に4勝したチームが優勝＝日本一＝）になったのは1950年からである。各リーグには，多少の変遷はあったが，6チームが所属しており，ほとんどのチーム名には，漢字とカタカナによる愛称名がつけられている。12チームの名前とどこに本拠地が置かれているかは，次のとおりである。

球　団　名	本　拠　地　（球場）
①セントラル　リーグ	
広島東洋カープ	広島（広島市民球場）
読売ジャイアンツ	東京ドーム（後楽園球場）
阪神タイガース	西宮（阪神甲子園球場）
中日ドラゴンズ	名古屋（ナゴヤドーム）
横浜ベイスターズ	横浜（横浜スタジアム）
ヤクルトスワローズ	東京（神宮球場）
②パシフィック　リーグ	
西武ライオンズ	所沢（西武ドーム）
大阪近鉄バファローズ	大阪ドーム（藤井寺球場）
オリックスブルーウイーブ	グリーンスタジアム神戸
千葉ロッチマリーンズ	千葉マリンスタジアム
日本ハムファイターズ	東京ドーム（後楽園球場）
福岡タイエホークス	福岡ドーム

★台湾出身の日本プロ野球選手：

阪神－陳大豊　　中日－曹竣陽　　西武－許銘傑

　ところで，日本のプロ野球は，日本一が決定したその翌日から，新しいスタートが切られる。そういう意味では，「１年の計は11月にあり」といえるかもしれない。日本一になれなかった11チームは，その原因を分析し，新人を獲得したり，他チームとのトレードにより，自分のチームの弱点を補強する。他チームとのトレードは，日本では感情が入りやすく，なかなかビジネスライクに割りきることができず，うまくいかないことが多いが，最近は，あっといわせる大物選手同士のトレードも行なわれるようになった。又，現在，高校生以上の新人獲得も，自由にできないしくみになっている。各チームは，欲しい選手をリスト　アップしておき，11月下旬に行なわれる会議（ドラフト会議）において，くじ引きで決めた順番に従って，１人ずつ，欲しい選手を指名していく。もし他チームと欲しい選手が重なった場合には，くじ引きで獲得することになっている。指名やくじ引きでお目あての選手を引きあてても，その選手が必ずしもそのチームに好感を持っているとは限らないから，せっかくくじでその選手の獲得権を手にしても，選手に拒否される

チームもある。拒否した選手は，一年間，プロ野球に入ることができない。しかしながら新人選手の方でも，来年，自分が希望するチームに入れるとは限らないので（くじではずれる場合もある），しぶしぶながら自分を選択してくれたチームに入団することが多い。こうした制度は，「職業選択の自由」を踏みにじるものだという声が，一時あがったこともあったが，プロ野球を一つの職業と考えれば，こうした批判はあたらない，という見方が有力である。こうしたくじ引き制度とともに，新人に支払う契約金の上限も決められている。

　自由競争の下では，各チームがいい新人を獲得したいあまり，お互いに契約金をつり上げてしまうことになる。もちろんプロ野球は，金をもうけることを目的としているわけだから，球団経営が成り立たなくなるほど，新人に契約金を支払うことはないだろうが，右も左もわからない，海のものとも山のものともわからない高校生に，契約金を何千万円も払うのは，社会常識からみてもおかしいのではないか，ということで，一時，契約金1000万円，年棒180万円を上限とするような取り決めがされたこともあったが，今は有名無実化している。インフレの世

の中，又，一般のサラリーマンと違って実働10年か15年のプロ野球に飛びこもうとする若者にとって，このような額では，ぜんぜん魅力を感じないのである。（生涯獲得金額という点では，一部のスター選手を除くと，野球選手より，ボーナスや退職金もあるサラリーマンの方がいいかも知れない）したがって高校野球で名を売った選手には，6000万円，8000万円という契約金が支払われるのが普通になってきている。「たかが棒振り，球投げが一般の人よりうまいだけではないか。そんな者に，しかも18才の少年に何千万円も支払うなんて……」という批判もあるが，現実は，やはり「先立つものは金」なのである。（この制度の一番の被害者は巨人軍である。自由競争なら，一番人気のある巨人軍に，ほとんどの選手が入りたがっているから，黙っていても，いい選手を集めることができた。たまに，ある選手をめぐって他チームと競争になっても，契約金を少し増やせば，その選手を獲得できたのである。たとえ，その選手が巨人軍に入って活躍しなくてもいいのである。他チームに入って巨人軍にとって手ごわい選手になるよりは……。巨人軍が以前のように強くなくなったのは，このドラフト制度に邪魔されて

⑺，いい選手を自由に獲得できなくなったことに一因がある。つまり，この制度は，強くて人気のある巨人軍いじめである半面，他チームとの戦力の平均化［巨人軍にばかりいい選手がいかないように］に，その狙いがあったことは明白である。）

こうして，何人かの有望な新人選手と移籍選手を加えて，時には監督・コーチなどの首脳陣も一新して，新たな出発をすることになる。

(4)

よく「師走の風が身にしみる」などという。その一年，あまり，業績がよくなかった人にとって，12月の寒風は，ことのほか冷たく感じるのだろう。プロ野球の世界も同じで，この12月に入ると，今年の成績の良し悪しによって，来年の年俸が決められる。（年俸は1年ごとに更新されるが外人選手などは，特例で3年契約などということもある。）成績のよかった選手は，心うきうき，今年に比べて2倍ぐらい増えるかなあなどと皮算用をして，球団事務所へ契約更改にいく。反対に不振だった選手は，「女房に会わせる顔がない」と，うつむきかげんで契約更改に臨むだろう。（協定によりどんなに不振でも，最低25％

・6・

以上のダウンはしないことになっている。もっとも，その選手を球団が必要としないならば，クビという運命が待ちうけているが……）1987 年の年棒の最高は，1 億 3000 万円といわれている（中日ドラゴンズの落合選手）。これに対して，二軍の選手の中には 240 万円ぐらいしかもらっていない選手もあり，まさに「月とスッポン」，プロ野球の厳しさが示されている。ちなみに，郭泰源は 4000 万円，郭源治と荘勝雄は 3000 万円ぐらいである。（いずれも推定）

　有名選手になると，この年俸以外にいろいろな副収入がある。ある会社のコマーシャルに出れば，その謝礼として年間，何百万円ももらえるし，シーズン　オフにサイン会を行えば，一日に何十万円も手にすることができる。TV 出演や招待ゴルフなどの謝礼も，けっこう多い。又，友人と共同出資してつくった会社の業績がよければ，そこからの収入もばかにならない。一部の有名選手にとってみれば，プロ野球はまさに「金のなる木」と言えるであろう。

　更に，ホームラン王とか首位打者，最多勝利投手，防御率第 1 位投手などになれば，リーグや球団から，賞金やご祝儀が出

るし（１つのタイトルで数百万円），日本シリーズに出場する
だけで，100万円近い金が懐に入る。オールスターゲームや日
本シリーズの最優秀選手には車も贈られる。（車と言えば，年
間30回ほど行なわれる　プロゴルフのトーナメントの優勝者
には，副賞として，必ず車が贈呈される。涂阿玉などは，今ま
でに40回以上も優勝しているから，車だけでも相当な数にな
る。もっとも，ほとんど換金しているようだが……）又，各試
合ごとに，ホームランを打った選手や勝利投手，三本も安打を
打った選手には，提供スポンサーから，「ジュース１年分」な
ども贈られることになっている。（こんなことは，アメリカに
はないので，アメリカからやってきた選手はびっくりするとい
う）。

(5)

さて，新しいシーズンの開幕は２月１日からになっているが，
各チームとも，正月があけた頃から，「自主トレ」と称して，
個人的に，あるいはいく人か集まって，トレーニングに励む。
もちろん，この時期は，まだ寒いからランニングを中心とした
基礎体力づくりに重点が置かれている。こうして，体力づくり

に励んだあと，各チームとも，2月1日に約1ヶ月のキャンプに入る。このキャンプでいかにがんばるかが，今年の活躍を左右することになる。何しろ7ヶ月（4月〜10月）に及ぶ長いペナントレースを戦いぬくための土台づくりが行なわれるのだから，ここでいいかげんな練習をしていると，必ずシーズン中に故障してしまう。

　ところで，そのキャンプ地だが，だいたい九州とか四国の暖かい場所が選ばれるが，中には，アメリカ本土やグァム島などで，キャンプをするチームもある。（台湾も，以前，巨人軍が台中でキャンプを張ったことがあるし，シーズンオフになると，暖かい台湾を訪れる大学野球や社会人野球のチームが多い。）

　猛練習にあけくれた約1ヶ月のキャンプが終わると，各チームは，互いに練習試合（オープン戦）を20試合前後行なって，キャンプの成果をためし，本番に備える。このオープン戦は，ベテラン選手には，開幕に向けて調整する意味合いもあるが，新人や一軍半の選手にとっては，一軍に残れるかどうかの試金石ともなるので，真剣そのものである。なお，オープン戦も入場料をとる。それでもファンは野球シーズンの到来を待ちかねて

いたので，せっせと球場に足を運ぶ。今年は，どの選手が活躍するかな，新人選手のお手並みはどうかな、などの期待をもって。球団としては、このオープン戦の入場料で，キャンプにかかった費用を何とかして回収しようとするわけである。

(6)

さて，4月。いよいよペナントレースの開幕だ。これから各チーム130試合を行なって，他の5チームと各々26回対戦する ，最も勝率がよいチームが優勝するわけだが，およそ勝率6割5分前後で優勝ということになろう。予想どおり強いチーム，意外に振わないチーム，ホームランを量産する新人選手、今年も着実な打撃で三冠王をとりそうな選手，ピンチに登板していつもピシャリと後続を断つ投手……。自分の応援しているチーム，ひいきの選手の成績次第で一喜一憂する。不振のチームは，途中で監督が代ることもある。監督が交代したチームは，その後，意外に快進撃をすることがある。春先，調子のよかった選手やチームが夏になると調子を崩すこともある。7ケ月の長丁場を勝ちぬくのは，並大抵のことではない。

　途中，7月下旬に，公式戦を一週間ほど休んで，ファンの投

票によって選ばれた選手によりオールスターゲームという祭典が，3試合行なわれる。（各チームから平均4〜5名ずつ選ばれるが，成績のいいチームからは8〜9名も，不振のチームからは2名ぐらいしか選ばれないこともある。）

これは，真剣勝負ではないが，各チームの優秀なプレーヤーが一堂に集まって，セ・リーグとパ・リーグに分かれて行なわれる試合だから，非常に見ごたえがある。

夏が過ぎ，さわやかな秋風が球場全体に吹きぬける9月中旬ぐらいになると，優勝しそうなチームが，ほぼしぼられてくる。ファンとしては，一つのチームが独走するよりも，二つ・三つのチームがしのぎを削る方が，楽しみが倍加する。時には，130試合目（最終試合）に勝って優勝したチームもあったし，わずか1勝の違いで優勝を逃したチームもあった。いずれにしろ，長いペナントレースを勝ちぬいてきただけに，優勝したチームは，喜びもひとしおといったところだろう。グランドで監督や主将を胴上げし，ホテルのレストランでは，ビールやシャンペンをお互いに頭からかけあって，その喜びを爆発させるのが恒例となっている。（これは，アメリカ的な喜びの表わし方

で，ビールのかけ合いにマユをひそめる人もいる。）

ところで，優勝したチームは，その美酒に酔うのもつかの間，一週間後には，他のリーグのチャンピオンと「日本一」の座をかけて七番勝負を行わなければならない。（どちらか先に4勝した方が勝ち＝日本一　）これはアメリカの「ワールド　シリーズ」にならって「日本シリーズ」と呼ばれ，全国野球ファンの関心を集める最高の試合である。公式戦と違って短期決戦だから，好投手がいるチームが有利であり，又，意外に伏兵が活躍して，そのチームを日本一に導くこともある。

こうして長かったペナントレースも，日本シリーズをもって閉幕する。優勝できなかったチームは，もう来年への第一歩を踏み出している。

(7)

最後に，プロ野球とマスコミのことについて触れておこう。「巨人（軍）が人気があるから，マスコミが取り上げるのか，マスコミが取り上げるから，巨人（軍）が人気が出るのか」どちらも正解だろう。ともかく，巨人（軍）の試合は，毎試合TVで放映される。（巨人（軍）の試合のみならず，野球中継

は，しばしば予定の時間を延長して放映される）　反対に，1年間に10試合足らずしか放映されないパ・リーグの試合もある。「人気のセ・リーグ，実力のパ・リーグ」といわれ，野球中継は圧倒的に，セ・リーグの試合が多いが，プロ野球ファンは巨人ファンばかりではないのだから，他の試合（とくにパ・リーグの試合）も放映してほしいという要望も強いが，何しろ巨人（軍）の試合は，いつも視聴率が20％前後なので，TV局としては，どうしても巨人（軍）中心の放映にならざるをえないのである。その中では，公共放送のNHKが，比較的公平に，どの試合も取りあげて放映している。又，ここ5〜6年，パ・リーグの方が，個性的な選手がいておもしろいというファンも増えており，その中心となっている西武ライオンズの放映も多くなってきた。

　更に日本には，スポーツ・芸能・レジャーを中心としたスポーツ新聞が，東京地方の場合7紙もあり（朝刊6，夕刊1），それらの新聞のトップ見出しは，ほとんど野球，しかも巨人（軍）が占めている。もちろん，巨人（軍）系の新聞もあるが，アンチ巨人（軍）系の新聞もある。しかしいずれにしろ「巨人

（軍）」のことを書かなければ売れゆきが落ちるのである。

　プロ野球は，キャンプの段階から数えると，9ヶ月も行なわれているので，スポーツ新聞も日々のネタに事欠かない。シーズン終了後も，A選手がトレードに出されそうだとか，B選手の来年の年俸は8000万円になりそうだとか，書く記事はいくらもある。これらのスポーツ新聞は，一般の新聞と同じように家まで配達してくれるが，駅の売店で買い求め，出勤途中の車内で読み終え，あとは網だなか，くずかごに捨てられることが多い。（プロ野球は，1試合に1万人の観客を集めれば，経営が成り立つという。つまり赤学にならずにすむわけだ。だが12球団の中には，毎年，赤字に悩まされているのもある。それなのに，なぜ球団を手放さないのか。それは，マスコミの宣伝効果を評価しているからだ。プロ野球は，TVも一般新聞もスポーツ新聞も大きく扱う。つまり無料でその企業名を宣伝してくれているようなものだ。だから，赤字の分は，宣伝費・広告料と思えばいい，と考えている球団オーナーもいる。こういうオーナーのチームは，企業努力をしないから，成績もよくなく，したがって観客の数も増えない。）

巨人（軍）が勝つと，系列の「H」，というスポーツ紙は売れゆきがよく，負けると発行部数を減らすという。日本の経済界を牛耳っている人の中にも，巨人ファンが多い。巨人（軍）が負けたり，優勝できないと，経済界もおもわしくないといわれる。日本の経済が好調な時は，確かに，巨人（軍）が強くて，毎年優勝し，日本一になっていた。ところが今は，各チームとも戦力が平均化し，どんぐりの背比べとなり，どのチームにも優勝の可能性があるようになった。【巨人（軍）も最近は、優勝から見離されている。】このことは，果して喜ぶべきことなのか，日本経済のことを考えると，悲しむべきなのか？

(8)

　もう一つ。外人選手のことについて触れておきたい。日本のプロ野球では，外人選手は1チーム3人までという枠がある。もし，金の力にまかせて，外人選手を何人も連れてきたら，それはもう日本のプロ野球ではなくなってしまうという理由からだが，裏をかえせば，まだまだ日本の選手が，アメリカの大リーガーに太刀打ちできないことを物語っている。（実力で外人選手を打ちまかせば，日本人選手だけのチームもできるはず）そ

こで，各チームは，手取り早く優勝するために，現役の大リーガーを破格の待遇でもって，日本へ呼びよせようとする。だが，ルールは同じでも，アメリカと日本の野球は，片や「力」片や「技」が中心で，必ずしも同じような戦法をとるとは限らない。したがって，中には期待を裏切り，すごすごとアメリカへ帰る選手もいる。また，たとえ一年目に期待通りの活躍をしても，二年目には不振に陥る選手もいる。日本の野球をナメてかかっていることと，3年契約を結んでいたりすると，たとえその年に成績が悪くても，年俸に影響しないからだ。こうして甘かされた大リーガーに，どのチームも手を焼いている。こんな当り外れの多い大リーガーよりも，台湾の選手の方が，よほどましである。特に足腰がしっかりしていて，バネがあり，「二郭一荘」をみるまでもなく，投手として実にいい体をしている。これからは，もっと台湾の選手を採用した方が，長い目で見れば，チームにとってプラスになるであろう。

註解中 ⊛記號爲相似語　　◎記號爲補充解說　　△記號爲例句

日本的職業棒球

(1)・プロ野球（ professional ）：職業棒球 。　プロ↔アマ（ amateur ）

　・あらゆる：所有的；全部 。

　・リトル　リーグ（ little league ）：少年棒球聯盟 。

　・町內：市區內的一個區域；街坊 。

　・とびかう：飛來飛去；交錯亂飛；（聲音）四起 。

(2)・リーグ（ league ）：同盟；團體 。↔トーナメント（ tournament ）淘汰賽 。

　・チャンピオン（ champion ）冠軍；優勝者 。

　・しくみ：規定 。

　・愛称：綽號；渾名；暱稱 。　⊛ニック　ネーム（ nickname ）あだな：綽號 。

　　　台湾出身の日本プロ野球選手の今シーズン（ 1989年 ）の年俸：
　　　郭源治：1億300万（年俸9,300万・タイトル料1000万）
　　　郭泰源：6,000万　　莊勝雄5,000万　　呂明賜1,500万

　・セントラル　リーグ（ central league ）：中央聯盟 。簡稱セ・リーグ 。

　・カープ（ Carp ）：鯉魚 。

　・ジャイアンツ（ Giants ）：巨人 。

　・タイガース（ Tigers ）：虎 。

　・ドラゴンズ（ Dragons ）：恐龍 。

　・ホエールズ（ Whales ）：鯨魚 。

　・スワローズ（ Swallows ）：燕子 。

　・パシフィックリーグ（ Pacific League ）：太平洋聯盟 ，簡稱パ・リーグ 。

　・ライオンズ（ Lions ）：獅子 。

　・バッファローズ（ Buffaloes ）：水牛 。

- ブレーブズ（Braves）：勇士。　◎オリックス是租賃界的大企業。

- オリオンズ（Orions）：獵戶星座。

- ファイターズ（Fighters）：闘士。

- ホークス（Hawks）：老鷹。　◎ダイエー是超級市場界的大企業

(3)・トレード（trade）：（職業棒球的）交換選手。

- ビジネス　ライク（business like）：公事公辦。

- あっといわせる：令人大出意外。

- 大物：大角色；大人物。

- リスト　アップ（list up）：列表。

- くじ引き：抽籤。

- お目あて：指望目標。

- しぶしぶながら：心理不情願可是……。

- 踏みにじる：傷害；踏毀。

　　◎にじる：蹂躪；踐踏。

- 海のものとも　山のものともわからない：是龍是蛇還不知道；將來能不能成
　器還看不出來。

- 実働：實際工作。

- ボーナス（bonus）：獎金。

- たかが棒振り：只不過是個揮揮棒子的人（含看不起棒球員的意思）。

　　◎たかが：頂多；充其量；沒甚麼了不起。

　　△一家三人の暮しなどたかが知れている：一家三口的生活費是有限的。

　　△たかが歌うたいを何でそんなに大さわぎして接待するのだろう：不過是個
　　　唱歌的，何必大費周章去招待呢？

- 球投げ：投球。

　　◎指某種職業者：棒を振る→棒振り

　　　　　　　　　　　球を投げる→球投げ　　　ものを書く→もの書き

　　　　　　　　　　　歌をうたう→歌うたい　　絵をかく→絵かき

- 先立つものは金：萬事以金錢爲先；有錢能使鬼推磨。

  ◎先立つもの：首先需要的東西。此句後一定接「金」已成習慣語。
- 手ごわい：勁敵；不好對付。
- ドラフト制度（draft system）：（職業棒球）選拔新選手時，所有球團共同舉行選拔會議來決定的制度。
- いじめ：刁難。
(4)・師走の風が身にしみる：臘月的寒風刺骨；喻到了年底處在不如意的環境中。
- 皮算用：打如意算盤。

  ◎取らぬタヌキの皮算用：（俗語）：還沒捕到狸貓已在計算其皮毛能賣多少錢。
- 女房に合わせる顔がない：無臉見妻子。

  ◎～に合わせる顔がない：沒面子；對不起；無法交代。
- うつむきかげん：微低着頭；抬不起頭來。

  ◎うつむく：低頭；臉朝下。

  ◎かげん：（事物的）程度；狀態。
- ダウン（down）：減少。
- クビ：脖子；腦袋。　　クビ＝くび＝首

  ◎クビになる：失業；被解雇。

  ◎クビにする：撤職；解雇。
- 二軍：後備球隊。「一軍」是正規球隊。
- 月とスッポン：天壤之別。

  ◎スッポン＝すっぽん：甲魚；鼈。
- 副收入：外快。
- コマーシャル（commercial）：簡稱C.M.；廣告。
- シーズン　オフ（season off）：淡季。
- サイン会（sign会）：簽名會。

- ばかにならない：不可忽視；相當多（大）。

  ◎ばか：輕視；看不起。

- 金のなる木：長金錢的樹；搖錢樹。

- ご祝儀：紅包；賞金。

- 懐に入る：進帳；收入。

- オール スター ゲーム（all star game）：（職業棒球）明星球員的球賽。

- プロゴルフ（professional golf）：職業高爾夫球賽。

- トーナメント（tournament）：淘汰賽。

- スポンサー（sponser）：廣告主；後台老闆。

(5)• 自主トレ（自主 training）：自動練球。

- ランニング：（running）：長跑。

- キャンプ（camp）：訓練營。

- ペナント レース（pennant race）：錦標賽。

- 土台づくり：打基礎。

  ◎土台：地基；基礎。

- グアム島（Guam島）：關島。

- 〜にあけくれる：埋頭於〜；專心於〜。

  ◎あけくれる＝明けて暮れる：從早到晚；一天到晚；天天。

- オープン戦（open戦）：友誼賽。

- 本番：正式比賽；正式表演。

- ベテラン（veteran）：老手。

- 一軍半：後備隊。

- せっせと：拼命地；不停地（努力）。

- お手並み：本領；能力。

(6)• 6割5分：65％；六成五。

• ピンチ（pinch）：危機；（棒球賽中）守備隊的危機。

• 登板：（棒球賽）　上陣。

　◎ピンチに登板：臨危受命上陣。

• ピシャリ＝びしゃり：形容嚴厲而迅速地拒絕。

　◎ピシャリと後続を絶つ：斷然封住。

• 調子を崩す：失去良好的狀況；出毛病。

　△調子が出る：進入狀況；進行順利。

• 長丁場：長期比賽；喩事情繼續進行很久時間。也寫長町場。

　◎丁場：（昔時兩個驛站間的）距離。

　△長丁場のペナントレースを乗りきる：闖過曠時持久的（棒球）錦標賽。

• 並大抵のことではない：並不容易；相當艱難。

　◎並大抵：普通一般；（下接否定）

• 真剣勝負：用眞刀眞槍來決定勝負，轉義爲正式比賽。

• セ・リーグ（central league）：中央棒球聯盟。

• パ・リーグ（pacific league）：太平洋棒球聯盟。

• 見ごたえがある：看了過癮；值得看。

　◎～ごたえがある：有～的價值；有反應；有效果。

　△手ごたえ：有反應；起作用。　※　やりがい：有勁。

　△歯ごたえ：咬了有筋道。

　△彼は全く手ごたえのない相手だ：他是個很差勁的對手。

　△彼女に皮肉を言っても手ごたえがない：用語言諷刺她也不起作用。

　△これはなかなか手ごたえ（やりがい）のある仕事だ：這是件值得賣力的工
　　作。

　△何度抗議しても手ごたえがない：雖多次提出抗議，却沒有反應。

　△肉があまりやわらかくて歯ごたえがない：肉煮得太爛沒有咬頭。

- ほぼしぼられる：大約的被挑選出來。

  ◎ほぼ＝おおかた；大體；大致。

  ◎しぼる：集中；挑選；精簡。

- しのぎを削る：（雙方）激烈交鋒、競爭。

  ◎しのぎ：（沿刀背和刀刃之間隆起的）稜；刀稜。

- 喜びもひとしお：格外高興

  ◎ひとしお：越發；格外。

- 胴上げ：把人用力抛上，表示慶賀和感謝。

- シャンベン（champagne）：香檳酒。

- 恒例：慣例。

- マユをひそめる：皺眉頭（表示不贊成或反感）。　　マユ＝まゆ；眉毛。

- つかの間：瞬間；極短的時間。

- ワールド　シリーズ（world series）：美國職業棒球聯盟代表權比賽。

- 日本シリーズ：日本職業棒球聯盟代表權比賽。

(7)
- マスコミ（mass communication）：大眾傳播界。

- 視聽率：收視率。

- レジャー（leisure）：休閒。

- トップ見出し（top）：（報章雜誌的）頭條標題。

- アンチ（anti）：反；非（接頭語）。

  ◎アンチ巨人：排斥巨人球隊；反巨人隊。

- 売れゆき：銷路。

- ネタ → たね：新聞消息的來源；證據。

- 事欠かない：不缺；很多。

- 手放す：放棄；出售；轉讓。

- オーナー（owner）：所有人；（職業球隊）經營者。

  ＊持主（もちぬし）

- Ｈ：指「報知新聞」；HōCHI

- 牛耳る：執牛耳；控制；操縱。
- おもわしくない：不理想；不好；差。
- どんぐりの背比べ：半斤八兩；不分高低。
  - ◎どんぐり：橡樹的果實，形狀矮胖，如果把它們排在一起，看不出高矮，差
    不多一樣。
- 見離される：被放棄；遠離。

(8)
- 枠：範圍；界限。
- 裏をかえせば：反過來說。
- 大リーガー（大 leaguer ）：參加美國職業棒球聯盟者。
- 太刀打ち：較量；競爭。
  - ◎太刀：（昔時）佩帶腰間的長刀。　⊛かたな
- 手取り早く：直截了當；省事。
- 現役：原義爲現役，現轉義爲正在任內工作者。
- 片や～片や～：一個是～另一個是～。
- 期待を裏切る：令人失望；辜負期望。
  - ◎裏切る：背叛；辜負。
- すごすごと：垂頭喪氣地。
- 不振に陥る：陷入低潮　⊛スランプに陥る
- ナメてかかる：輕視。　⊛ばかにする
  - ◎ナメる＝なめる：小看；不重視。
- 手を焼く：難對付；難處理。　⊛もてあます。
- 当り外れ：出乎意料之外；意外的壞結果。
- まし：比較好。
  - △こんなものならないほうがましだ：這種東西，倒不如沒有的好。
  - △こんなものでもないよりましだ：這樣的東西，總比沒有好。
- バネ＝ばね：發條；彈簧。　◎バネがある：有彈性。
- プラスになる：有利；有好處。　◎プラス（ plus ）：益處。

野球

2. 高校野球

(1)

どの民族，どの国家にもお祭りや年中行事といったものが必ずあるものだ。日本のそれは稲作民族の生活を反映してか，農耕儀礼に関するものが多い。たとえば，種を播くとき，田植をするとき，稲を収穫するときなどには，いろいろなお祭りが行なわれる。日本の祭りの中では、京都の葵祭（5月）・祇園祭（7月）や，青森のねぶた祭（8月）などが有名で全国から，たくさんの人が見に集まってくる。

ところで，このような伝統的な祭りというわけではないが，今や夏の風物詩となった感があり「これが始まらなければ夏らしくない」といわれるようになったのが，7月上旬から8月中旬まで全国各地で展開される高校野球である。日本中を湧きたたせるといった意味では「最大の夏祭り」と言えなくもない。

これは，各都道府県の地区予選を勝ちぬいてきた49校（1県1校，東京と北海道は参加校が多いので2校）の代表校が，兵庫県の阪神甲子園球場に集まり，本大会を行なって日本一を決め

るアマチュア野球の祭典である。参加校は3900校を越えている（1987年）これほどのマンモス大会が，戦争で中止となった一時期を除いて，70年余りも続いているのは世界でも例がないのではないか。

　この高校野球は幾多の名選手をプロ野球に送りこんできた。「巨人軍」の王貞治監督も1957〜1958年にかけて左腕のピッチャーとして高校野球で活躍し，その後「巨人軍」へ入団したわけである。

　ちなみに，日本が台湾を占領・支配していた時期のうち，1923年から18年間，台湾代表として台北一中・台北商業・台北工業・嘉義中学などがこの高校野球大会に出場しているが，中でもひときわめざましい活躍をしたのは，この間に4回も甲子園の土を踏んだ嘉義農林であろう。とくに，1931年、初出場ながら強敵を破って決勝まで勝ち進んだ時は，甲子園のファンは遠来の嘉義農林に惜しみない拍手をおくったといわれる。【甲子園では，勝者より敗者の方に大きな拍手がおくられる。

　(2)を参照】又，この嘉義農林は，1940年，春の選抜高校野球大会にも台湾代表となって甲子園に行っているが，その時の

3番バッターに浜口光也という選手がいた。台湾名は郭光也。この人の兄のお孫さんが，今，日本のプロ野球で「二郭一荘」といわれるピッチャーの一人，「中日ドラゴンズ」の郭源治であるという。【この項　鈴木明「ああ！台湾──郭泰源たちのふるさと」（講談社）による。】

(2)

ところで，なぜ日本ではこのように高校野球に人気が集まるのだろうか。この人気の秘密をさぐることが，日本人の心情の一端を理解することにつながるかもしれない。

① 技術がヘタでも，投手の一球に，打者の一打に，ひたむきな態度がみられること。

② トーナメント方式であるため，次の試合を考えて余力を残しておくということをせず，全力で持てる力を出しきること。

③ どんなに点差が開いていても，最後までベストを尽くすこと。

④ 捕れないと思われる球に対しても，ときにはダイビングキャッチ，ヘッド　スライディングを敢行し，ユニホーム

を泥だらけにしながらも，白球を追い続けること。

⑤ベンチから出ていくときと戻る時は，全力疾走を心がけて

いること。

⑥坊主頭，短髪のすがすがしさ。

⑦夏雲，青空，白球。その白球を追って若人が汗と涙の熱

き戦いをくりひろげること。（高校野球には，勝っても敗

れても汗と涙がつきものである。全力を出しきるからであ

ろう）

⑧たとえ自分にとって審判の判定が不利でも，時には誤審で

あっても，基本的にはそれに抗議せず従うこと。

⑨試合開始と終了時における「礼」と球場への出入りにおけ

る「礼」のりりしさ。

⑩昔の軍隊のような規律のゆきすぎがたまにはあるが，社会

一般では崩れつつある先輩・後輩の上下関係，チーム全体

の和ということが重んじられること。

⑪日本では昔から「判官びいき」「勝者よりも敗者を讃える

」という感情があり，全力を出しきって敗れた者に対して，

さわやかな印象をもつ。したがって彼らに対しては，「来

年また来いよ」ということで惜みない拍手がおくられること。

⑫ 1県1代表校ということで，「オラが郷土の代表」との意識があり，郷土色・郷土意識がみられること。近代化によりや〻薄れがちな郷土との一体感が高校野球を通じて身近に感じられる。

⑬ 日頃、連帯意識が薄れがちな学校全体が応援団，ブラスバンド部などを中心として，野球の応援をすることにより一つにまとまる効果があること（その応援風景が一つの夏の風物詩になっている。夏の炎天下にもかかわらず、黒の学生服を着て汗だくになって応援する男子生徒。華やなコスチュームで色どりを添えるチアガール。色ちがいのうちわなどを使ってあざやかな人文字を描き出す大応援団。カネとタイコで孤軍奮闘する応援団……。）

(3)

だが，問題点もなくはない。

① 他の高校スポーツに対して，高校野球だけを新聞・テレビ・雑誌が報道しすぎること。とくに新聞は地方大会の段階

から，選手の名前を顔写真入り（全員ではないが）で報道し，テレビも地方のＴＶ局が地方大会の一回戦から放映する。そして全国大会になると，新聞・ＴＶもその扱いを一段と大きくする。とくにNHKは，大会期間中，朝から晩まで，長い時では10時間ぐらいぶっ通しで放映する。したがって，どうしても選手を有頂天にさせ，スター意識を生えつけてしまいがちである。

②このように，マスコミが大きくとりあげてくれるので，私立学校の中には，野球に特に力を入れ，全国大会に出場することにより，校名を広めようとするものもある。プロ野球顔負けのグランド，室内練習場，ナイター設備を持ち，全員寮生活，授業は午前中……というように「野球漬け」により選手を鍛えている学校もある。練習試合に行くのにも学校の，又は後援会が寄付してくれたマイクロ　バスを使い，プロ野球選手なみのユニホームにスパイク，グラブ。何もかも至れり尽くせり。これで特権意識を持つなと言っても，それは言う方が無理な話しだ。全国大会に出てくる学校・チームは，多かれ少なかれ，似たような傾向にある。

これは高校野球の自殺行為ではなかろうか。全国大会よりも，地方大会の一・二回戦に本来の高校野球の原点があると言われる所以である。

いずれにしても，8月中旬は，家のTVで高校野球を観戦する人が多く，そのためエアコンとTVのつけっ放しによる電力消費量がピークに達し，電力会社はいつも悲鳴をあげている。

青　棒

(1) ・田植：挿秧。

　・葵祭：夏季在京都舉行的祭典之一。

　・祇園祭：夏季在京都舉行的祭典之一。

　・ねぶた祭：夏季在東北地方青森縣舉行的祭典之一。

　・都道府県：日本行政區名，日本共分1都（東京都）1道（北海道）2府（京都府，大阪府）43縣。

　・アマチュア（amateur）：業餘。↔プロ（professional）專業。

　・マンモス（mammoth）：史前巨象，現轉義爲「巨大；大型」。

　・プロ野球：（professional base ball）：職業棒球。

　・ピッチャー（pitcher）：（棒球）投手。

　　◎キャッチャー（catcher）：捕手。

　　◎バッター（batter）：打者。

　・ちなみに：且説；説起來……。

　・ひときわめざましい：特別顯著的。

　　◎ひときわ：格外；分外。

　・ファン（fan）：（棒球）迷。

　・3番バッター：三棒。

　・二郭一莊：台灣出生的日本職業棒球手郭源治、郭泰源、莊勝雄。

　・中日ドラゴンズ：中日恐龍隊。

(2) ・ひたむき：專心一意；眞摯。

　・トーナメント（tournament）：淘汰賽。

　・出しきる：出盡；傾囊而出。

　　◎～きる當作接尾語時，表示「全部；統統；徹底」。

　　△坂を登りきると，そこに小さなほこらがあった。

　　△子どもにはできないことは，分かりきっています。

　　△1か月に十万円は使いきれません。

- ベストを尽くす（ best ）：盡最大的努力 。

- ダイビング　キャッチ（ diving eatch ）：空中接球 。

- ヘッド　スライディング（ head sliding ）：頭部滑壘 。

- ユニフォーム（ uniform ）：球衣；制服 。

- ベンチ（ bench ）：選手席 。

- 坊主頭：和尚頭；光頭 。

- すがすがしさ：清新爽快 。

- 若人：年輕人 。　㊟わかもの

- つきもの：經常配在一旁的事物；伙伴 。

　△さしみにわさびはつきものだ：生魚片一定附有山葵 。

　△学者に貧乏はつきものと言われている：常言道研究學問的人，總是清苦的 。

- りりしさ：英姿煥發 。

- ゆきすぎ：過份；過火 。

- 判官びいき：同情弱者 。

　◎判官：昔時官名，「判官びいき」一辭由源義經遭其兄長源賴朝之追討而被
　迫自刃，世人惜其英年早逝表示同情的歷史典故而來 。

　◎ひいき：偏愛 。

- さわやか：爽快 。

- オラが郷土：咱們老家 。

　◎オラ → おら → おれ：咱；俺 。

- 応援団：拉拉隊 。

- ブラス　バンド（ brass band ）：鼓管樂隊　㊟吹奏楽団（すいそう）

- 汗だく：汗流夾背；滿身大汗 。　　　　㊟汗びっしょり

- コスチューム（ costume ）：服裝；戲服 。

- チア　ガール（ cheer girl ）：女拉拉隊員 。

- うちわ：團扇 。

- 人文字：排字 。

- カネとタイコ → 鉦と太鼓：敲鑼打鼓。

- なくはない → ある。

- 顔写真：半身照片。

- ぶっ通し：一直繼續中間不斷。

- 有頂天：得意忘形；非常得意。

- 顔負け：自嘆勿如。

- グランド（ ground ）：運動場地。

- ナイター（ nighter ）：夜間比賽。

- 寮生活：住宿生活。

- 野球漬け：泡在棒球中；喩天天練球。

   ◎「～づけ」當作接尾語時表示「浸泡在～之中」之意。

- マイクロ　バス（ micro bus ）：中型巴士。

- プロ野球選手なみ：和職業棒球選手同一水準。

   ◎「～なみ」當作接尾語，表示「與～一樣程度」。

   △大学校なみの授業料を取る学習塾：收取和大學同樣學費的補習班。

   △彼は課長なみの待遇を受けている：他在公司受到課長級的待遇。

- スパイク（ spike ）：釘子鞋。

- グラブ（ glove ）：棒球手套。　⊛グローブ

- 至れり尽くせり：無微不至；應有盡有。

- 多かれ少なかれ：多多少少。

- エアコン（ air conditioner ）：空氣調節機。

- つけっ放し：一直開着不關掉。

- ピーク（ peak ）：尖峰。

- 悲鳴をあげる：大喊吃不消。

3. 日本型経営のプラスマイナス

　日本の労資関係というと，すぐ思い浮かべるのが，終身雇用制度と年功（序列型）賃金制度の二つであろう。前者は，「ひとたび会社に採用されると，人並みの働きをしていれば，定年まで解雇されることはない」という制度である。これは後者の年功賃金制による収入の保障と密接な関係を有しながら，労働者の勤勉性や企業に対する忠誠心を高め，能率的な仕事を行うのに大きく貢献した制度といえよう。

　後者は，従業員の給料が毎年定期的に上がっていき，その結果，年齢及び勤続年数が長くなるにつれて，賃金も多くなっていくシステムである。これは賃金上昇だけにとどまらず，役職（ポスト）の昇格とも結びつき，30才代は係長，40才代になると課長，そして50才代に部長となるような形で，ポストの昇格も保証している制度である。

　このように，いったん大会社へ就職すると，後述の福利厚生面での手厚い保護も受けられることもあって，人々は，「寄らば大樹の陰」に走りやすい。受験競争を勝ちぬき，有名大学へ

入ることは，「大樹の陰」への割り込みを可能とし，更に就職後の地位や昇進をも有利にするだろう。

又，日本的経営では，集団で団結して仕事を完成するやり方が慣習的にできあがっている。いわば，チームプレーが重視され，個人プレーに走ることは，とくに戒められる。（その典型は，日本のプロ野球に見ることができる）したがって，大学でも高校でも，チームの勝利に向って力を合わせる運動部出身の学生・生徒が重宝がられ，とくに野球をやっていた生徒などは，どの会社でもひっぱりだこである。日本の野球が「根性」「忍耐」「努力」「礼儀」を強調し，それが会社の仕事をやっていく上で，やはり必要不可欠だからであろう。

(2)

ところで，この二つの制度のメリットとデメリットは，どんな点にあるのだろうか。

まずメリットだが，これにより　社員の愛社精神・会社に対する帰属意識が高まり，生産の能率が向上することはまちがいあるまい。そして，失業の心配もまずなく，年功により収入の増加と地位の上昇が約束されるという安心感が，従業員の中に

芽ばえるであろう。更に従業員の入れ替わりが激しくないから、会社の和も保たれ、企業秘密も守ることができる。そして、最後に、これこそが日本的経営の最も特色ある点であるが、会社は従業員のために、住宅を安く斡旋してくれたり、社宅を準備してくれたり、医療サービス（会社内に簡単な診療所をもっている）や、福利厚生施設（会社内に体育館やテニスコートをつくったり、外部に夏冬の休養施設〔リゾート施設〕をつくったりすること）に力を入れてくれるわけだから、従業員の心の中に、「会社あっての我々」「会社のために何とか」という気持ちが湧いてくるわけである。したがって労働組合も、欧米などのように、会社という枠を越えて、産業別・業種別（職能別）に組織されるということはなく、どうしても企業内組合的な要素が濃く、横の連帯感に乏しいきらいがある。よって、労使対立というよりも、労使協調路線になりがちである。最近、非能率生産に頭をかかえるアメリカなどが、この日本型経営をとり入れようとしているのは、注目に値しよう。

　さて、反対にそのデメリットだが、まず事なかれ主義がはびこり、無能社員が寄生しやすいこと、更に、個性派人間が育ち

にくく，各自の能力が生かしきれない点があげられよう。

　最後に，日本のサラリーマンの好きなことわざのベスト３を
あげておこう。(ある保険会社の調査による) 日本的特色がよ
くでている。

　①石の上にも３年(忍耐が必要)

　②ちりも積れば山となる(努力が必要)

　③石橋を叩いて渡る(慎重さが必要)

日本型經營的正負兩面

- プラス（plus）：正面價值；長處。

- マイナス（minus）：負面；缺點。

- 終身雇用制度：一輩子在同一機構工作的制度。

- 年功賃金制度：依年資逐次加薪的制度。

- 人並みの働き：普通一般的工作能力。

- 定年：退休年齡。

- システム（system）：制度。

- 役職：主管職位。

- ポスト（post）：職位。

- 厚生：保健。

  △厚生省：日本中央行政機構之一，專司國民的保健、社會福利等事務。

- 寄らば大樹の陰：習慣語，大樹底下好乘涼，喻依靠大企業、大機構有保障。

- 割り込み：擠進去；鑽入；插隊。

- チーム　プレー（team play）：團隊默契。

- 重宝がられる：被重視。

  ◎重宝：珍視。

- ひっぱりだこ：競相爭取的對象；紅人。

- 根性：骨氣；毅力。

- メリット（merit）：優點；長處。

- デメリット（demerit）：缺點。

- 約束される：被保障。

- 芽ばえる：發生；成長。

- 斡旋：照顧；幫助。　⊛せわ；仲介

- テニス　コート（tennis court）：網球場。

- リゾート施設（resort）：休閒設備。

- 会社あっての我々：有了公司才有我們；公司是我們的生存依靠。

- 労働組合：工會。

- 枠を越える：超越界限；擺脫規定範圍。

  ◎枠：①框子。

  　　②輪廓；圈子。

  　　③模子。

  　　④範圍；界限。

- きらいがある：有～的缺點。

- よって：因此。　㊗だから；このため

- 頭をかかえる：傷腦筋。

- 事なかれ主義：只求平安無事，不做不錯的作風。

- はびこる：蔓延；猖獗。

- 石の上にも3年：即使在石頭上，坐了三年之久就會暖和的，勸人耐心地工作終有一天會成功的；功到自然成。

- ちりも積れば山となる：集腋成裘；積砂成塔。

- 石橋を叩いて渡る：渡過石頭橋之前，必須敲打一下試試安不安全；萬事都要三思而行。

4. 重厚長大から軽薄短小へ

　昔から日本人は、手先が器用で，物まねが得意である，といわれてきた。確かに敗戦後の日本は，それらの特技を生かし，低賃金・長時間労働という悪条件の下で，いっしょうけんめい働いた。ただそのつくり出した品物は、「安かろう，悪かろう」ということで，必ずしも評判はよくなかった。したがって，日本製品はどことなく軽薄なイメージでみられていた。それから30年余り。日本人は持ち前の勤勉さから，改良と工夫を重ね，一つ一つその悪評をぬぐい去り，今日では日本の製品は世界でも指折りの好評をとるにまで至った。

　ところで，最近は「軽薄短小」という言葉が盛んに言われている。「より軽く，より薄く，より短く，より小さい」製品が、時代の要請となっている。とくに，エレクトロニクスや通信分野の産業が，こうした要請を受けて，時代の脚光を浴びているようだ。電卓しかり，パソコン・ラジカセ・VTRしかり，ミニバイク・小型自動車しかり。その典型は ソニーの売り出したウォークマンであろう。（小型のミニカセットテープレコーダ

ーとミニヘッドホンの組み合わせによるヘッドホン式ステレオ）

わずか4年半で900万台を売ったという。（テープレコーダ

ーは，年間5〜6万台売れればヒット商品といわれる）こうし

て，「大は小を兼ねる」とか「大きいことはいいことだ」とい

う価値観が，見事に吹きとばされてしまった。

　ちょうど，この時期（1980年はじめ）は，鉄鋼・造船など

の「重厚長大」型の産業が斜陽化の道をたどり始め，対照的に，

エレクトロニクスの分野で技術革新の波がおこっていたのであ

る。

　もともと日本人は，折りたたみ傘や扇子にみられるように，

大きいものを縮小して手軽に持ち運びできるようにすることに

は，才能があったのかもしれない。それに，居住空間も狭く，

家もマッチ箱的な住宅が多かったから，「重厚長大」な製品に

は不向きで，電化製品も家具も「軽薄短小」化せざるをえなか

ったのであろう。更にハイキング・キャンプ・釣り・バードウ

ォッチングなど，自然の中での生活を楽しむアウトドアライフ

の用具も「重厚長大」では携帯に不便なことが，「軽薄短小」

化に拍車をかけたと言えよう。

最近は，本までが「軽薄短小」化して，文庫本・新書本が，どの書店でも圧倒的に多い。更に人間も，映画スター・歌手などの芸能人は言うに及ばず，一般に腰が軽くて，気さくで，こぢんまりした男性が，もてはやされる時代となっているようだが，もっと重厚な男性が重んじられなければならないのではないか。人間だけは「軽薄短小」化してはいけない。

由重厚長大到輕薄短小

- 手先が器用：手巧。　◎器用：靈巧。
- 安かろう悪かろう：（消費者對貨物的評價）便宜貨想必品質差。
- イメージ（ image ）：形象。
- 持ち前：天生；生就。　❀もって生まれた
- ぬぐい去る：去除；拭掉。
- エレクトロニクス（ electronics ）：電子技術。
- 時代の脚光を浴びる：受人注目；顯露頭角。

　◎脚光：舞台前端的燈光。　❀フットライト　（ footlight ）
- 電卓しかり → 電卓がそうである。

　◎電卓 ＝ 電子式桌上計算機；小型電腦計算機。
- パソコン（ personal computer ）：個人電腦。
- ラジカセ（ radio cassette ）：收錄音機。
- ＶＴＲ（ video tape recorder ）：閉路電視錄影機。
- ミニ　バイク（ mini bicycle ）：小型機車。
- ソニー（ SONY ）：新力牌。
- ウォークマン（ walkman ）：隨身聽。
- ヘッドホン　（ head　phone ）：耳機。　❀イヤホーン（ earphone ）
- ステレオ（ stereo ）：立體音響。
- ヒット商品（ hit ）：暢銷品。
- 吹きとばされる：被否定；吹掉。
- 斜陽化：開始走下坡；逐漸沒落。

　◎斜陽：夕陽；象徵將要沒落的事物。
- 折りたたみ傘：折傘。
- マッチ箱（ match ）：火柴盒。
- 不向き：不適合。
- ハイキング（ hiking ）：徒步郊遊。

- キャンプ（camp）：露營。
- バード　ウォッチング（bird watching）：觀賞野鳥。
- アウト　ドア　ライフ（outdoor life）：戶外活動。
- 拍車をかける：加速推動；促進。

  ◎拍車：馬刺。
- 文庫本：袖珍本文集。
- 腰が軽い：活潑好動（的人）。
- 気さく：坦率；直爽；沒架子（的人）。
- こぢんまりした男性：巧小玲瓏的男性。
- もてはやされる：被珍視；受歡迎。

5. 日本人は貯蓄好き？

日本人は，世界でも指折りの貯蓄好きの国民らしい。郵便貯金や銀行預金，それに保険や投資信託などを合わせてみると，日本の GNP の 1.5 倍だという。サラリーマン世帯の平均貯蓄残高も，年収を超えている。大ざっぱに言って，日本人は 30 万円の月収がある時，6 万円ほどを貯蓄に回すようで，欧米に比べて，ずばぬけて多いと言われる。なぜだろうか。①明治以来，政府が国民に「勤倹貯蓄・貯蓄は美徳」という観念を植えつけたこと，②病気や災害・老後の生活・子供の教育などへの備え，マイホームのための積立てなどがその理由としてあげられるかもしれない。

しかし，よく考えてみると，これはおかしいのではないか。病気や老後のために貯蓄するということは，社会保障が進んでいないことを意味するはずだ。いずれにしろ，こうしてコツコツためた貯蓄の多くは，金融機関から企業に貸し出され，高度経済成長に大きく貢献したわけだ。したがって海外からは，「日本人は，貯蓄にまわす金があったら，もっと消費に使え（我

々の製品をもっと買ってくれ）」という声があがってくるのも，当然かもしれない。

　だが，「貯蓄王国」も最近，やゝ斜陽化してきた。常識外れ？の高い利率が下がりはじめ，物価上昇率と肩を並べるくらいになってきたので，貯蓄のうまみが少なくなってきた。（1986年8月現在，銀行の定期預金の利率は4.1％であり，1981年～1985年の消費者物価上昇率は，年平均2.8％である）だが，そうは言っても，サラリーマンにとって，貯蓄以外に，何の利殖の手段があろうか。

日本人愛存錢?

- GNP (Gross National Product):國民總生產額。

- 残高:餘額。

- 大ざっぱ:大致;約略。

- ずばぬける:特別出眾;出奇(的多)。

- 積立て:累積儲蓄。　△積立て貯金:零存整付的儲蓄。

- コツコツ → こつこつ:形容努力不懈;勤奮。

- 斜陽化:走下坡;逐漸衰退。

- 常識外れ:異於常理。

- 肩を並べる:並肩進行。

- うまみ:好處;利益。

- 利殖:生財致富。

6.　目にみえないものはタダ？

　日本人は「水と安全はタダだ」と思っている世界でもまれな民族だ，といわれている。だが，どうも昨今，この二つは雲行きが怪しくなってきた。まず，水についてだが，ここ数年，カラ梅雨が続き，水の需要が増える夏になると，きまってダムの貯水量が底をつき，どこかの地域で給水制限が出されることが多くなった。したがって，そういう時は，小・中学校のプールも使用中止にならざるをえなくなる。一方では，洗車や，庭の水まきに惜しみなく水を使っている家庭もあり，その無神経さに腹が立つことがある。もっとも，筆者も台湾滞在中，ある家庭に下宿していた時，水を出しっ放しにして顔を洗っていたら，「水を洗面器にためて洗うように」と注意された。つい日本の習慣で顔を洗ってしまったわけだが，水のありがたさに無頓着な日本人の一面をさらけ出した格好である。

　ところで，昔から日本は山紫水明の国といわれ，とにかく水はおいしかった。ところが，最近では，水道の水がまずくなっ

た。（それでも，日本は，水道の水を直接飲める世界でも有数の「安全な」国である。）工場排水や家庭排水により水源が汚染され，その消毒のため，塩素を投入する。塩素の量が多くなればなるほど，カビ臭くなるからである。（水源汚染の原因の一つは合成洗剤である。）そのため，最近デパートやスーパーで，いわゆる地下水や湧き水をびんに詰めて「〇〇の水」「〇〇の自然水」などと銘うったミネラルウォーターが売られており，売れ行きは上々だそうだ。高い金を支払わないと，安全でしかもおいしい水が飲めないとは，まるで砂漠の国のようになってしまったわけだ。

(2)

治安・安全の方はどうかというと，確かに年々凶悪な犯罪も増加しているが，今でも東京は，世界の大都会の中では一番治安がよいとされている。（夜，地下鉄に女性が一人で乗っていても危険はない。ニューヨークなどでは考えられないことだ。ただ台湾と違って，夜遅く女性が電車に乗ると酔っぱらいにかられることがある）つまり，犯罪検挙率でいうと，殺人の場合，日本97.3％・西ドイツ95％・アメリカ76％，盗みの場

合，日本 57 ％・西ドイツ 31 ％・アメリカ 18 ％ という数字が出ている。もちろん警察官による犯罪も増えているが，日本の場合，やはり警察官の資質のよいことが一番の理由だろう。とくに，「袖の下を要求する」ことは絶対になく，そのため，市民から信頼を得ている。又，街の中心には「交番」といって，警察官が数名，常時駐在している警察署の支店のようなものがある。このことも犯罪防止に一役買っているだろう。「交番」（派出所とも言う）は，本来の仕事以外に，たとえば，落し物を預かったり，迷子の世話をしてくれたり，道案内もしてくれ，市民生活の中に溶けこんでいる，と言ってよかろう。シンガポールは，この日本の「交番」制度を採用して，とても好評のようである。台湾も，戒厳令の解除とともに，一部で治安の悪化が心配されているが，日本の交番制度を導入したらどうであろうか。

　もっとも，ここで言う「安全はタダ」というのは，国家の安全のためにお金を使わないということである。つまり，日本の防衛・安全は，日本自身がお金を出して守っているのではなく，アメリカに守ってもらっている，という意味である。

「日本は防衛のために，ＧＮＰのわずか１％しかお金を使わないで，あとはアメリカにおんぶしているではないか。もっと防衛予算を増やし，自由世界の一員としての責任を果たせ」というのがアメリカの言い分で，要するに，日本は「安保にただ乗り」だと言うのである。そして，その分浮いたお金を産業界につぎこむから，安い・よい製品ができ，アメリカは太刀打ちできなくなるのだ，というのがアメリカの不満なのである。

（しかし，日本も金を使っていないわけではない。日本の自衛隊の装備は，今やアジアではNo１，世界でも有数の実力を有するところまで来ている，といわれる。一方では，日本の軍国主義化を警戒する声も強い。日本は，決して「安全」はタダだと思っているわけではなく，それ相応の金をつぎこんでいるのである。）

「水と安全」だけでなく，電気などもタダだと思ってはいないか。電灯，電熱も使いたい放題。デパートでスーパーで，会社で学校で，あんなに明かるくしなくてもいいのに，と思うほどあかりをつけている。石油危機があってから，だいぶ夜のネオンなども自粛したが，それでも「のどもと過ぎれば，熱さを

忘れる」のたとえどおり，昨今は，夜型の生活が一般化したこともあって，夜遅くまで起きている家庭が多い。ＴＶ局の中には，夜中の２時ごろまで放映している局もあるし，「ふくろう型人間」のために，24時間営業というコンビニエンスストア（例：セブンイレブン）などもかなりみられるようになった。又，湿度の多い日本の夏には，エアコンが必需品である。今では全家庭の⅔近くにも普及し，寝苦しい夜に，暑い日中に，人人はためらいもなくエアコンのスイッチを入れる。エアコンのきいた涼しい部屋で，高校野球の熱い戦いを見るのが，最高の避暑方法であろう。これというのも，電気があってこそなのであるが，そして，その電気を生み出すもとは，海外から輸入している石油なのに，果して何人の人が，そういうことを考えているだろうか。空気や水と同じように，電気もあってあたりまえのような気持ちでいはしないか。

看不見的東西是免費嗎？

- タダ → ただ：免費；不要錢。　❀無料

- 雲行きが怪しくなる：形勢不妙。

  ◎雲行き：前景；發展前途（一般下接 " 怪しい " ）。

- カラ梅雨 ＝ 空梅雨：乾梅雨；梅雨時期沒雨水。

- ダム（dam）：水壩。

- 底をつく：見底；用盡。

- 水まき：澆水；灑水。

- 無神経：考慮不周到；反應遲鈍。

- 水を出しっ放し：水龍頭一直開着（不關掉）。

  ◎～っぱなし：接在動詞連用形後，表示一直有某動作而沒有接下去另一動作
  ；任其～置之不理。

  △ドアを開けっぱなし：把房門一直開着（沒關上）。

  △部屋は散らかしっぱなし：屋裏亂七八糟（沒收拾）。

  △子どもは生みっぱなしではいけない：只會生孩子是不行的（須要管教）。

- ありがたさ：可貴；珍貴。

- 無頓着：不關心；不在意。

- さらけ出す：暴露；揭穿。

- 塩素：氯。

- カビ臭い：有霉陳氣。　◎カビ ＝ かび：霉。
- スーパー（surper market）超級市場。

- 湧き水：泉水。

- 銘うつ：訂名牌；定商品名稱。

- ミネラル　ウォーター（mineral water）：礦泉水。

- 売れ行きは上々：銷路很好。

- ニューヨーク（new york）：美國紐約。

- からまれる：被糾纏。　◎からむ：找碴兒；無理取鬧。

- 犯罪検挙率：破案率。

- 袖の下：賄賂。　㊉わいろ

- 交番：派出所。

- 一役買う：主動承擔任務；有助於。

- 落し物：遺失物品。

- 迷子：迷路的孩子（或大人）。

- 道案内：嚮導。

- シンガポール（Singapore）新加坡。

- おんぶする：依賴別人；讓別人負擔（費用）。

- 安保にただ乗り：免費享受安全保證條約的好處。

  ◎安保：日美間的安全保證條約。

- 浮いたお金：省下的錢。

- 太刀打ち：競爭；較量。

- 使いたい放題：任意使用。

  ◎放題：當作接尾語時，表示「任意；胡亂」

  △彼は言いたい放題で責任は持たない：他只會亂吹不負責任。

  △この子はわがままのし放題に育った：這孩子從小任性，沒被管教。

- あかり：燈火；燈光。

- ネオン（neon sign）：霓虹燈。

- のどもと過ぎれば，熱さを忘れる：過了喉嚨就忘了燙；好了傷疤就忘了痛。

- ふくろう型人間：夜猫型的人。

- コンビニエンス　ストア（convenience store）：小型自助百貨商店。

- セブン　イレブン（seven-eleven）：7－11商店（統一商店）。

- エアコン（air conditioner）：空氣調節機。

- 寝苦しい夜：難以入睡的夜晚。

・ためらいもなく：毫不猶豫地。

　◎ためらい：猶豫；遲疑。

・あってあたりまえ：有是當然的；應該存在的。

・いはしないか → いるのではないだろうか。

7. カード社会の落し穴

　今，高校生でも，サイフの中に多少の現金とともに2〜3枚のカードが入っている。テレホンカード・キャッシュカード・オレンジカード・クレジットカード……。今や現金を持ち歩かずとも用が足りる「キャッシュレス時代・カード時代」といえよう。

　テレホンカードは，NTTが，1982年12月から1枚500円〜5000円で発行したものである。デザインのよさと，薄くて名刺大の大きさで持ちやすいから非常に人気を呼んでいる。これにより，10円玉の残りを気にせず，国際電話・長距離電話や市外通話をかけられるようになったことは，一大進歩というべきだろう。キャッシュカードとは，ほとんどの市中銀行の自動現金引出機から，現金が引き出せるカードである。オレンジカードは，JR（Japan Railways 昔の「国鉄」）の切符を自動販売機で買う時に使えるオレンジ色のカードである。テレホンカードもオレジカードも，いちいち小銭を用意し，コインの投入口に入れる手間が省ける点で，急いでいる時には大変便利

である。

　クレジットカードは，カードを提示しサインすれば，商品が即座に手に入り，カード発行会社が，自分の預金がある銀行から，買った店に代金を支払ってくれるしくみだ。カードさえあれば、高価な欲しいものを，すぐ手にすることができるわけで（自分の預金残高を越えた，ある一定範囲までお金を引き出せる），まことに便利な社会になったものだ。

　なぜカード社会が発展したのだろうか。コンピュータ　を中心とする機械化が進んで，データの処理も早くなり，カードを使える範囲が広がったこともあろうが，手持ちのカネがなくても，後払いで目先の生活を楽しむことに抵抗を感じない世代が増えてきたことが大きな原因であろう。「欲しい」「買いたい」から「借りる」。借金に慣れっこになっている今の世代にとって，「借金は悪」だとする昔の考えは通用しない。インフレにより，「借金する方が得だ」とする風潮も，そうした傾向に拍車をかけているのかもしれない。

　だが，便利な半面危険もいっぱいだ。“カード中毒症”にかかり，カードの使いすぎで支払いにゆき詰り，その穴埋めに

手軽に金を貸してくれるサラ金を利用し，その金利の支払いのために，又，次のサラ金の門をたたく……というサラ金地獄に陥ってしまうケースもよくある。その結果，一家心中や自殺といった悲劇もよくおこる。

「一億総カード時代」と言われ，カードを何枚持っているかで，その人の地位が決まるなどと言われるが，便利な裏に落し穴もある。注意したいものだ。

信用卡社會的陷阱

- 落し穴：陷阱；圈套。

- サイフ ＝ 財布：錢包。

- テレホン　カード（ telephone card ）：電話卡。

- キャッシュ　カード（ cash card ）：自動提款卡。

- オレンジ　カード（ orange card ）：火車票卡。

- クレジット　カード（ credit card ）：信用卡。

- キャッシュレス（ cashless ）：免用現款。

- NTT（ Nippon Telegraph and Telephone Corporation ）：日本電信株式
  會社的簡稱。

- デザイン（ design ）：設計；造型。

- 名刺大：名片大小（ 8.3 cm × 5.4 cm ）。

- 10円玉：10円鎳幣。

- 自動現金引出機：自動提款機。

- JR　（ Japan Railways ）：日本國營鐵路局。現已改爲民營。

- オレンジ色：橙色；桔黃色。

- しくみ：規定。

- コンピュータ（ computer ）：電腦。

- データ（ data ）：資料。

- 手持ち：現有的；所有。

- 後払い：事後付款。

- 目先：眼前。

- インフレ（ inflation ）：通貨膨脹。

- 拍車をかける：加速；加深。

- 支払い：付款。

- ゆき詰る：行不通；陷入僵局。

- 穴埋め：塡補；彌補。

- 手輕：輕易。
- サラ金 → サラリーマン金融（ salary-man ）：專門借給薪水階級的高利貸業。
- 金利：利息。

8. 歌声は国境を越えて

「歌は国境を越えて」というが，この分野でも，日本と台湾の間では，日本からの一方通行，大幅な輸出超過である。そのため，台湾の識者の間から「文化侵略だ」との声があがるのも無理はない。ともかく，台湾出身の歌手で，一般の日本人が知っているのは，欧陽菲菲（日本ではオーヤン　フィーフィーと読ませている）・ジュディ　オング・テレサ　テンの3人ぐらいである。このうち，テレサテンの歌唱力は，日本でもすでに定評があり，毎年何らかの歌謡大賞を獲得し，彼女のファンはけっこう多い。しかし「最後の一夜」を歌っている蔡琴や「佔領西門町」のシンガーソングライター，李壽全などを知っている日本人は，残念ながらほとんどいない。これに対し，日本の流行歌手の台湾進出は，昔も今も変わらない。美空ひばり・石原裕次郎（1987年7月死去）・橋幸夫らに引き続いて，山口百恵・松田聖子・中森明菜・薬師丸ひろ子などの女性歌手や、西城秀樹・郷ひろみ・田原俊彦・近藤真彦などの若手アイドル男性歌手が人気を集めている。それにひきかえ，日本には台湾の

流行歌はほとんど入ってこない。日本人が多少とも知っている歌と言えば，台湾旅行した人が口ずさむ「雨夜花」「望春風」「高山青」などの古い歌ばかりである。

又，日本の流行歌は，ずいぶん古い時代から台湾へ流れ込み，もとは日本の流行歌だったと知らないで，今も歌っている例はかなり多い。一例をあげれば，「黄昏的故郷」というのは，今から30年ほど前，三橋美智也という歌手が歌った「赤い夕陽の故郷」が原曲である。こういう例は枚挙にいとまがない。

確かに、日本の演奏技術・アレンジ・舞台装置のすばらしさは群をぬいている。しかし、歌唱力となったら、率直に言って台湾や韓国の歌手の方が，一枚も二枚も上である。現在の日本の歌手のほとんどは，ただかわいいだけ，スタイルがよくて踊りがうまいだけの者が圧倒的で，歌唱力が備わった者がどれだけいるだろうか。したがって，中年以上の人は，こうした若い歌手の歌にあきたらず，演歌とか懐メロに走るわけである。前述した若いアイドル歌手や「少年隊」「おニャン子クラブ」「チェッカーズ」「サザンオールスターズ」などといった，わけがわからぬグループが日本を代表しているなどと思ってはいないが，現

実には，日本のテレビの歌謡番組の 90 ％は，これら無国籍人間が歌う無国籍歌謡に占められている。（わずかにＮＨＫとテレビ東京の二局に，中年以上を対象とした歌番組が二つ，三つあるくらいである。）残念ながら，台湾も似たような状況であろう。

音樂沒有國境

- ジュディ　オング（ Judy Ong ）：翁倩玉。
- テレサ　テン（ Thresa Teng ）：鄧麗君。
- 定評がある：被肯定；被公認。
- シンガーソング　ライター（ singer song writer ）：自編自唱的歌手。
- アイドル（ idol ）：偶像。
- 口ずさむ：哼（ 歌 ）。
- 枚挙にいとまがない：不勝枚舉。很多。
- アレンジ（ arrange ）：編曲。
- 一枚も二枚も上：（ 本領 ）遠遠超出。

　　◎一枚：指演技能力。

　　△Aのほうがbより役者が一枚上だ：A的演藝力遠較B好。
- あきたりない：不滿足。
- 懐メロ → なつかしのメロディー（ melody ）：懷念的老歌。
- ～に走る：傾向於～。
- おニャン子クラブ：小猫隊。
- チェッカーズ（ Checkers ）：方格子合唱団。
- サザン　オールスターズ（ Southern all stars ）：南方衆星楽団。

9. あるスターの死

　石原裕次郎が死んだ（1987年7月）。死因はガンだという。52才の働き盛りであった。彼は戦後の日本における"大スター"の一人で，40〜50才の人々にとっては，共に青春時代を分かち合ったこともあって，特別の感情があるようだ。ある時期，台北中山北路の目抜き通りに，喫茶店を開いていたこともあって，台湾の人々にもなじみのあるスターであっただろう。

　彼は，確かに日本映画史上"大スター"であったことは事実であろう。筆者も，小学校高学年から中学生にかけての時期，彼の映画を何本か見た。映画自体はアクションもので，たいした内容はないのだが，当時としては，日本人離れした背の高さと，足の長さ，それにやゝ不良っぽい顔のつくりとヘヤースタイル，さらに少しくずれた着こなしと荒っぽい口のきき方は，それまでの社会の既成秩序を打ち破る"かっこいい"スタイルということで，多くの若者に支持され，共感を生んだこともあった。それに，低音の魅力とうたわれた，甘いささやくような歌声は，多くの女性をもしびれさせた。晩年というか，映画が

斜陽になってからは，自分でプロダクションをつくり，いくつかの大作やテレビの刑事ものに新天地を開拓し，かっこいい刑事（デカ）のボス役を演じ，往年の“かっこよさ”を知らない最近の若者にも“枯れた”かっこよさで人気を博していた。

　彼は特に演技がうまかったわけではないし，歌もうまかったわけではない。そのスタイルのよさでもって，あれよあれよという間に，スターダムにのしあがってしまったような感がする。いわば，ミーハーのアイドル歌手・俳優のはしりであって，とても名実備わった“大スター”とは呼べないと言うのは酷評すぎるだろうか。

　彼が死去すると，TV各局は（NHKすらも）彼の旧作映画を一斉に放映し（その数，各局合わせて十数本も），故人ゆかりの人々をスタジオに招いて，彼の追悼番組を2・3日にわたって放映したが，正直言って，みんな「おせち料理」のような内容で，へきえきした。（筆者は，そのうちの一つの番組をみただけだが，新聞のテレビ欄の内容を見れば，他の番組も大同小異であることは，推して知るべしである）。

　ついでながら，世界の中で日本だけだろう。芸能人のプライ

バシーをオーバーに報道し，とくに，結婚・出産・離婚・死亡となると，どのTV局も，どの週刊誌も競って大きく取りあげようとするのは。似たような内容の番組が目白押しだ。電波と紙のむだ使い以外の何ものでもない。こうしたことが「一億総白痴化」に拍車をかけていることは，言うまでもない。

　更に驚いたのは，彼の葬儀の日に，平日だと言うのに一般客が3万5千人も参列したことだ。同じ年代の女性が多かったという。自分の青春時代，胸をときめかしたあこがれのスターの方が，同じ時間に汗水たらして働いている亭主よりも，大切だというのだろうか。ずいぶん暇な人がいるもんだと思う半面，たかが映画スターの葬儀に，主婦が家事を放り出し？，亭主を忘れ？，一目散にかけつけることができる日本は，何と"平和"な国であろうか。

　もっと驚いたのは，彼に国民栄誉賞を与えようという動きがあることだ。この賞は，「 国民に親しまれ，世界に誇るような業績をあげ，日本の名を高めた文化人・スポーツ選手に贈られる」もので，その選定は政府にある。これまでに6人ほどが受賞しているが，どの人もその道で立派な業績をあげた人たちば

かりだ。(そのうちの一人に，王貞治がいる)。

　石原裕次郎は確かに有名なスターであったが，「国民栄誉賞」の性質から言って，彼にふさわしい賞であるとは思えない。幸いなことに(？)この話は，その後立ち消えになったという。

名演員之死

- ガン：癌症。　　◎ガン＝がん

- 働き盛り：壯年期。

- 分かち合う：分享。

- 目抜き通り：繁華大街。　　◎目抜き：顯眼的地方。

- アクションもの（ action もの ）：（ 電影 ）動作片。

- 日本人離れした：不像一般日本人的。

- 顔のつくり：容貌。

- くずれた着こなし：流裏流氣的裝扮。

　◎着こなし：穿戴。

　△彼女は着こなしがうまい：她很會穿衣服；穿著得體。

- 荒っぽい口のきき方：粗野的口氣。

　◎口のきき方 → 話し方。

- かっこいい：拉風；帥氣；棒。

- うたわれる：被讚美。　⊛ほめられる

- しびれさせる：迷住。　◎しびれる：麻木；陶醉。

- プロダクション（ production ）：製片企業。

- 刑事もの：刑警故事劇。

- デカ → でか：（ 暗語 ）警察；刑警。

- ボス役（ boss ）：主管的角色。　　◎ボス：頭子；老闆。

- 枯れた：成熟的；老練的。

- あれよあれよという間に：形容短時間中發展的事情，眼看着它……。

- スターダム（ stardom ）：名演員的地位。

- のしあがる：一步登天；登迹；爬上高位。

- ミーハー：一般女孩子們。

　◎ミーハー＝みーはー→みーちゃんはーちゃん：阿化阿香之類的女孩子。

- はしり：先鋒；開風氣者 ；始作俑者。

- ゆかり：因緣。

  △故人ゆかりの人：與死者有交往的人。

- 正直言って：老實說；不客氣地說。

- おせち料理；原爲年榮，轉義爲老套；陳腔濫調。

- へきえき：爲難；不耐煩。　※へいこう

- 推して知るべし：可想而知。

- プライバシー（ privacy ）：個人秘密；私事。

- オーバー（ over ）：過份；誇張。

- 目白押し：一個挨着一個；排得滿滿的。

  ◎目白：白眼鳥，這種小鳥有一隻擠一隻排在一起的習性。

- 平日：上班天。　※ウィークデー（ weekdays ）

- 胸をときめかす：滿懷激動地；興奮地。

  ◎ときめく：心撲撲地跳。

- あこがれのスター：心儀的明星；嚮往的演員。

- 亭主：丈夫。

- たかが：只不過；僅僅是。

- 一目散にかけつける：直奔；飛也似地趕到。

  ◎一目散：一溜煙地。

- 国民栄誉賞：頒給「擁有廣爲各階層的國民所欽佩的品德，並且在一般國民所熟知的領域
  裏創造出前人未及的成就，爲社會帶來令人振奮的希望和話題的人物」的榮譽獎。
  由內閣總理大臣決定。
  榮獲此獎者有：
  1977 年 9 月　　王貞治　　（職業棒球員）
  1978 年 7 月　　古賀政男　（作曲家—已故）
  1984 年 4 月　　長谷川一夫（演員—已故）
  1984 年 4 月　　植村直己　（探險家—已故）
  1984 年 10 月　　山下泰裕　（柔道國手）
  1987 年 6 月　　衣笠祥雄　（職業棒球員）

- 立ち消え：中途消失；中止。

10. 日本のアキレス腱（けん）

　昔は「食（しょく）は広州（こうしゅう）にあり」と言われたが，今は「食は台湾にあり」と言ってよいほど，台湾の食生活は豊富で安定（あんてい）している。日本も飢（う）えで死ぬというような例（れい）はほとんどないから、その点では，豊（ゆた）かな恵（めぐ）まれた，いや恵まれすぎた国（飽食日本（ほうしょくにほん））であると言えなくもない。

　だが，その食糧事情（しょくりょうじじょう）を少し詳（くわ）しくみてみると，背筋（せすじ）が寒（さむ）くなる思いがする。要するに穀物自給率（こくもつじきゅうりつ）が先進国中（せんしんこくちゅう）最低（さいてい）の 30 ％という低さなのだ。何のことはない。日本を殺（ころ）すのに原爆（げんばく）とかミサイル兵器（へいき）など必要はないのだ。石油と穀物（こくもつ）の供給（きょうきゅう）をストップすれば，日本は一巻（いっかん）の終（お）わりというわけだ。

　特に，小麦（こむぎ）・大豆（だいず）の自給率は 10 ％以下という。「必要なものは，カネを払って買えばよい」という考えから，農業を軽視し，輸出（ゆしゅつ）で潤（うるお）ったカネで農産物を輸入（ゆにゅう）しようということだが，アメリカからの輸入額の 50 ％を 占めている というから，日本はアメリカに首（くび）ねっこを抑（おさ）えられていると言っても過言（かごん）ではない。更に，最近の食生活の変化（へんか）（肉食化（にくしょくか））により，開発途上国（かいはつとじょうこく）の人

人が食糧とする穀物を，日本は家畜の飼料として大量に輸入しており，それらの国の人々の食料不足を深刻化させている。最近，貿易摩擦や共産国への工作機械密輸出などでアメリカを怒らせることが多いが，そのうち，アメリカは日本に対して食糧を武器として使うようになるかもしれない。

　一方，日本古来の「コメ」も，若者を中心に「コメ離れ」が進み，又，手間ひまかけて「コメ」を作っても，収益はあまり多くないということで，農家も「コメ」づくりに熱意を示さない。「コメ」すらも輸入に依存することになると，これは日本の歴史始まって以来の大変化ということになろう。（我々消費者の立場からすると，米の輸入を自由化した方がよい。なぜなら，現在，我々は国際価格の10倍も高い米を国内の「コメ」生産者から買わされているのだから）「コメ」は元来，小麦などに比べて栄養価は高いのだが，若者の食生活は，とっくの昔に「コメ」を拒否している。そして，食事の洋風化・冷凍食品の普及・外食化により，子供の好きな食べ物の中から，日本古来の食べ物はその姿を消してしまった。代ってどこのレストランでも見られるのは，カレーライス・ハンバーグ・ラーメン・ス

パゲティ・焼き肉などであり，それは又，子供の好きな食べ物
ベスト5でもある。

(2)

　ところで，忙しい現代の主婦にとって，食事に手間ひまをか
けるということは，次第に苦痛になってきたようだ。したがっ
て，腕によりをかけておいしいごちそうを作るなどということ
は，ほとんどしなくなりその家庭の独特の味，いわゆる「おふ
くろの味」というものが，食卓から消えようとしている。めん
どうくさいから冷凍食品で，あるいは車で郊外のレストランへ，
ということの方が手っ取り早いのだ。デニーズ・ロイヤルホス
ト すかいらーくといったファミリー レストランや，マク
ドナルド・ケンタッキーフライドチキン・ロッテリアなどのフ
ァーストフードの店は，どこも，そうした家族連れで満員だ。
こうした平均化した食べ物からは，画一的な人間しか生まれて
こないのではなかろうか。

　主婦の手ぬきは弁当にも現われている。昔の主婦は朝の忙し
い時間をさいて作ってくれただけに，弁当のふたをあけると，
やさしい妻の，母のにおいがしたものだが（こういう弁当を

「愛妻弁当」と呼ぶ），今や弁当を作る主婦も少なくなりつつある。したがって，昼食時になると，街角の「ホカホカ弁当」なる店の前には，昼食を求める人の行列ができる。弁当を持ってこなかった人のために，簡易弁当をつくって売っている店である。特に，ごはんがあたたかくておいしいことをキャッチフレーズにしており，確かに冬などはありがたいが，おかずはいつもきまった豚カツとかカレー，焼き肉に魚といったもので変わり映えがしない。ごはんのあたたかさと手軽さが好評のようだが，やはりこれも画一的な食べものであり，愛情こめて作られた「おふくろの味」の自家製弁当にはかなわない。こんなものばかり食べていては，ほんとうに日本人は骨ぬき民族になってしまうであろう。「食」をないがしろにする民族の前途は暗い。

日本的致命弱點

- アキレス腱（Achills）：阿基里斯腱；連接小腿和腳跟的筋，此筋斷了就不能行走，所以轉義爲致命的弱點。

  ◎アキレス：希臘神話中之勇士，刀槍不入又跑得快，活躍於特洛依（Troia）戰事，後被特洛依的王子派里士射斷他的腳腱而死。

- 食は広州にあり：食在廣州。

- 背筋が寒くなる：令人毛骨悚然；不寒而慄。　　　◎背筋：脊樑。

- 何のことはない：很簡單。

- 原爆 ＝ 原子爆弾：原子彈。

- ミサイル（missile）：飛彈。

- 一巻の終わり：完蛋；死。

- 首ねっこを抑えられる：被扣住脖子；完全被人控制住。

  ◎首ねっこ：脖子根部。　❀くび

- そのうち：哪一天；不久的將來。

- コメ離れ：不吃米飯；排斥米飯。　　◎コメ → こめ

- 手間ひまかけて：費事費時間；辛辛苦苦地。　　◎手間：工夫；勞力。

- とっくの昔：老早；早就。

- カレーライス（carry & rice）：咖哩飯。

- ハンバーグ（hamberger）：漢堡牛肉餅。

- ラーメン（拉麵）：中國式湯麵。

- スパゲティ（spaghetti）：意大利麵條。

- 焼き肉：烤肉；叉燒肉。

- ベスト5：前五名。

- 腕によりをかける：拿出全部本領做。傾全力製造一個東西時，常用此句。

  ◎よりをかける：加油；加筋。

- おふくろの味：母親的荣；家常荣。

  ◎おふくろ：媽；母親。一般成年男子說自己的父親爲「おやじ」，母親爲「
    おふくろ」。

- デニーズ（Denny's）：美國速食連鎖店名。
- ロイヤルホスト（Royal host）：西式速食店名。
- すかいらーく（Sky lark）：台灣的「芳鄰餐廳」就屬Sky lark系統的連鎖店。
- ファミリー　レストラン（family restaurart）：家庭餐廳
- マクドナルド（Mc Donald）：麥當勞。
- ケンタッキー　フライドチキン（Kentucky fried chicken）：肯德基炸鷄。
- ロッテリア（Lotteria）：濃特利速食店。
- ファースト　フード（fast food）：速食。
- 手ぬき：偸工；省手工。
- ホカホカ弁当：熱騰騰的飯盒。

  ◎ホカホカ → ほかほか：表示剛剛做好，又新鮮又熱的。

- キャッチ　フレーズ（catch phrase）：宣傳口號。
- 豚カツ → カツレツ（cutlet）：炸猪排。
- 変わり映えがしない：一成不變；老樣子。

- かなわない：比不過。
- 骨ぬき：軟骨頭；沒出息。
- ないがしろ：瞧不起；不重視。

11. 赤ん坊の抱き方と車中の座席

　赤ん坊をどのように抱くかについて，東洋と西洋では違いが

あるようだ。日本や台湾それに韓国などでは，多くの母親は，

赤ん坊をおんぶするだろう。ところが欧米では，だっこするの

が一般的なようだ。我々からみると，あのカンガルーの親子を

思い出させて，こっけいに思える。もっとも彼らにすると，赤

ん坊を背負うのは，リュックサックと同じように，赤ん坊を荷

物扱いしているようにみえるらしい。東洋式は，赤ん坊に対す

る後からの危険にとっさに対処できないし，西洋式は，前から

の危険に何の防御策もない。危険に対しては，それぞれ一長一

短がある。

　ところで，西洋人が日本人独特の「以心伝心」について，お

もしろい分析をしている。それは，赤ん坊のとき，おかあさん

の背中で一緒に揺られているうちに，身についたものだ，とい

うのである。なるほど，そう言われれば，母の背中におんぶさ

れたとき，そこで歌ってもらった数々の子守唄やいろんな物語

とともに，お母さんが今，何を言いたいのか，の無言の教えを

直接，肌で感じたものである。

　さて，やゝ成長して，子供が親といっしょに乗り物にのったとき，どちらが座るかは，興味深いことだが，日本では、大人が立って子供に座らせることが多い。過保護もいいところである。ところが中・高校生ぐらいになると，自分の前の席が空いていても，座らないことがある。（座るということは，老人扱いされると思っているらしい。）しかし，いったん座るとなると，その座り方にあきれてしまう。足を投げ出したり，足を組んだり，通路を通る人の迷惑など，お構いなしだ。又，隣りの人との間隔も，やゝあけて座っていることが多い。車内が混んできても，つめようとしない。全くその傍若無人ぶりたるや，足を蹴とばしてやりたいくらいである。だが，そうした連中も，ひとたびサラリーマンになると態度が一変する。とくに，会社の上司といっしょの時は，こっけいである。自分が座っている前に，会社の上司がのってきた時など，老人が来ても席を譲ってあげないのに，さっと立ち上がり，ペコペコお辞儀をして席を譲るではないか。日本人社会のタテ関係の強さがうかがえるとともに，会社を離れても，上司との関係が切れない「会社人間」

の悲<ruby>かな</ruby>しさを感じる。

抱嬰兒的方式和車內的座位

- おんぶする：背。

  ◎おんぶ：背。　㋫背負う

- だっこする：抱。　㋫抱く

  ◎おんぶとだっこ，多半用於照顧幼兒的動作。

- カンガルー（ kangaro ）：袋鼠。

- リュックサック（ ruck sack ）：背囊。

- 子守唄：催眠歌；搖籃曲。

- 過保護もいいところ：庇護得過份。

  ◎〜もいいところ：〜得過火。

- 迷惑：麻煩；困擾。

- お構いなし：不管；不注意。

- その傍若無人ぶりたるや：說起那傍若無人的態度。

  ◎その〜たるや：那〜的樣子呀（實在是…）。

- 連中：指某一群人。

12. 飲食のマナー

　私は，日本は「区別」文化で，台湾は「混合（ごちゃまぜ）」文化である，とつねづね思っているが，それは食事の方法などにおいても，顕著に見受けられる。台湾や韓国では，大皿に盛った料理を各人がつつき合う。ところが，日本や西欧では，個人ごとにおかずを盛り分ける。のみならず，おかずの種類によって，大きい皿・小さい皿あるいは，深い皿・浅い皿を使い分ける。更に家庭内では，箸や茶碗　湯のみも，父親のもの，長女のもの……と，はっきり所有者が決まっていて，決して人のものを使うということはしない。（その点，台湾の場合，無頓着な気がする）。

　ところで，ごはんとみそ汁があった場合，日本では，ごはんの上にみそ汁をかけるが，韓国では逆に，みそ汁の中へごはんを入れるという。台湾では，どちらだろうか。あまりこういう光景をみたことがないので，わからないが……。又，韓国では，茶碗を手に持って箸で食べるのは，行儀が悪いとされているが（韓国では，ごはんはさじですくって食べる），日本では正統

な食べ方である。台湾も日本と同じであろう。中国→朝鮮→日本と文化が伝播してきたわけだが，なぜ韓国だけ，このようなマナーになったのだろうか。

又，我々東アジアの人間は，麺類を食べる時や熱いものを飲む場合，音をたてて口に入れるが（日本などは，特にそうである）。大きい音をたてればたてるほど，おいしそうにみえる。（ついでに言うと，食事中に舌づつみを打っても，日本では無作法ではない。），欧米では，これは無作法とされている。（特にスープは「飲む」ものではなく，「食べる」ものだという考えであるから，「食べる」時に，音は出ない，出してはいけないわけだ。）又，西欧では失礼なこととされるゲップも，日本では，特に失礼であるというわけではない。「ずいぶんたくさん食べたなあ」と驚かれるぐらいである。

台湾では，西欧とは逆に，「この料理は，おいしかった」という賞讃の音でもあるようだ。

しかし，我々日本人にとって，どうにもなじめない中国マナーは，食卓を散らかしたり，汚したりすることが，かえって，その食事がおいしかったことを意味する，という考えである。

日本では，できるだけ食卓を汚さないようにすることが要求される。動物の骨などの食べかすをテーブルの上に置いたり，下に落としたりすることは，子供のやることで（子供客なら仕方ないとしても），大人がそんなことをすれば，露骨に嫌な顔をされるであろう。（台湾の人は，「そんなことにいちいち神経を使っていたら，料理がおいしくなくなる。」と言うであろうが。）

　一方，アメリカ人がよくやる食べ歩きは，最近，日本でも，若い人を中心に多くなってきたようだが，（とくにホット　ドッグとかアイスクリームを食べるときなど）一般的に東アジアの国では、無作法とされているようだ。この点に関しては，台湾の方が日本よりも，アメリカに近いように思える。

　いずれにしろ，各民族によりそれぞれ食事のマナーにも違いがある。最小限のマナーはお互いに知っておいた方がよかろう。

飯桌上的規矩

- マナー（ manners ）：禮節；態度。
- つつき合う：大家一同吃；互相用筷子夾。

  ◎つつく：（用筷子）夾；吃。
- おかず：菜肴。

- 湯のみ：茶杯。
- 無頓着：不介意；不夠仔細。
- 光景：情景。
- 行儀が悪い：沒有禮貌。　㊋無作法。
- さじ：湯匙。
- 音をたてる：發出聲響。
- 舌づつみを打つ：（因為好吃）嘴中有吧吧聲；享受美食。

  ◎舌づつみ、舌つづみ兩者都可以用。
- 無作法：沒規矩；粗野無禮。
- ゲップ ＝ げっぷ：（因為吃太飽而打的）嗝。
- なじめない：不習慣。
- 食べかす：吃剩的骨頭或皮毛。

  ◎かす：渣滓。　㊋くず；のこり
- 食べ歩き：邊走邊吃。
- ホットドッグ（ hot dog ）：熱狗。

13.　残酷とは何か

　台湾の市場を歩いてみると，日本ではお目にかかれないような光景に出くわす。それは食肉動物の肉・内臓・血の展示方法の違いについてである。

　日本でも，古代では獣の肉を食べていたわけだが，仏教が伝来して以後，その不殺生の教えにより，表面的には肉食は禁じられてきた。日本人がおおっぴらに肉食をするようになったのは，明治時代以降のことであり，更に肉食が一般の家庭に普及したのは，戦後のことで，まだ40年たらずの歴史しかない。したがって，日本人の深層心理には，動物を殺すということに，いささか抵抗感があり，しかも，その殺した動物の血のしたたる肉や内臓を見るだけでもいい感じがしないのに，それを食べるということは，「勇気」のいることであった。

　それゆえ，日本では肉屋なども，牛や豚の頭を店頭にぶらさげたり，豚の足を並べたりはめったにしない。（昔は店の奥の，外から見えにくいところに，牛一頭豚一匹を吊しておくことはよくあった。）

最近では，肉や魚は肉屋や魚屋で買うよりも，スーパーマーケットで買うことも多くなり，そこでは，きれいにパックされた肉の塊りや魚の切り身が売られているわけだから，その「原形」を留めておらず，子供たちの中には，それがどんな形をした動物の肉なのかわからない子もいるようになってしまった。

　まして，台湾の市場でよく見られるような生きたニワトリをその場で殺して，ゆでて売ってくれるやり方などは，今の日本人には，「残酷」すぎるのである。台湾で生活し始めた日本人の主婦は，あの市場特有の臭いと「残酷」な光景に，卒倒するかもしれない。ともかく，家畜を殺すことと，肉・血・内臓に慣れていないのだから。（余談だが，日本人は，肉の部分はよく食べるが，その他の部分，血とか内臓・皮などは，あまり食べようとしない。だから，そうした部分は，台湾より日本の方がかなり割安で手に入る）見るだけで卒倒してしまう，気の弱い，スマートな日本人の主婦には，台湾の主婦のように，ニワトリやアヒルを，自分の庭でちょいと殺し，内臓をとり出し残りの肉を調理するなどという芸当は，一人としてできはしない。

　そのくせ日本人は，魚を食べる時には，きわめて「残酷」

（と欧米人の目には映るらしい）なやり方をする。料亭などで，生州からとり出したピンピンしている魚を，客の目の前で調理し，さしみとして食べることに，いささかの「残酷」さも感じないのである。同じように，同じ哺乳動物ということで欧米人が憐みをもつクジラも，魚の感覚でよく好んで食べる。したがって，日本人が特に動物を愛護する精神に優れているということではなく，やはり生活文化の違いというべきであろう。「残酷」の基準・感じ方は、各民族によって異なるのである。（余談だが，机・テーブル以外ならどんな四つ足の動物も、又両生類や爬虫類さえも食べてしまう中国人は，世界で一番「残酷」な民族かもしれない？）

このような市場での「残酷」観の違いは，社会の他の分野でも見られる。たとえば，交通事故や殺人事件などの現場の写真なども，台湾では，死傷者の足が切断され，おびただしい出血の生々しい写真が，駅の構内など目立つところに貼られているが，日本のTVや新聞・雑誌などでは，「内臓・肉片・血」を放映したり，掲載したりすることは絶対にない。（飛行機事故で死亡した人の腕がちぎれた写真を載せた某週刊誌が，袋叩きに

あったことがある。「残酷」すぎる，ということで）但し，飛び散った血痕を写すことはある。

ところが，プロレスなどでの流血場面は，平気で放映するし（もっとも，今から30年ほど前，白黒テレビの時代に，プロレスの流血場面をみていた老人が，ショックで死亡するという事件　もあったが……），SM的な写真雑誌は巷に溢れているのだから，いったい日本人の「残酷」さの精神構造は，どうなっているのだろうか。

更に，日本人は，個人的には比較的小心であるが，集団となると，気が大きくなって「残酷」なことを平気でやるようになる。戦争がいい例だ。

戦争ばかりでなく，主義主張が違うということで，お互いに殺し合った学生運動のグループもあった。集団化した時の日本人の「残酷」感の欠如は，一体どうなっているのだろうか。日本が経済大国変じて軍事大国化することを世界の人々が不安がるのも，無理もない。

甚麼是殘酷

- おおっぴら：公然；公開。

- 血のしたたる肉：滴血的肉。

- 切り身：切成片的魚肉。

- ゆでる：用水煮熟；白煮。

  △ゆでたまご：白煮蛋。

  △ゆでだこ：煮熟的章魚（呈粉紅色）。

- 卒倒：昏倒。

- 余談：附帶提一句。

- 割安：較便易。

- 気の弱い → 気が弱い：膽小的；懦怯的。

- 芸当：把戲；特技。

- 生州：養魚槽。

- ピンピン：形容活蹦亂跳。

- クジラ：鯨魚。　　　◎クジラ＝くじら

- 四つ足：四隻脚。

- おびただしい：許多，大量。

- 生々しい：新鮮而強烈（指傷痕或悲劇）。

- 目立つところ：明顯的地方；顯著的位置。

- ちぎれる：扭斷；破碎。

- 袋叩き：群毆；群起責罵。　　△袋叩きにあう：遭衆人的責罵。

- プロレス（proffessional wrestling）：職業角力。

- 平気：毫不在乎；絲毫沒有顧忌。

- ショック（shock）：打擊；震盪。

- SM → サドマソヒズム（sadomasochism）（saclism masochism）：被
  虐待狂者。

・巷に溢れる：充斥市面。

・気が大きくなる：膽量變大。

14. 中間志向

　日本人の色彩感覚は，もともとやゝ控え目であった。いわゆる赤・黄・青などの原色をそのまま用いることを好まず，何らかの色とまぜあわせて中間色をつくりあげ，それらを好んで用いた。晴れ着はともかく，日常の衣服は目立たない色が中心だった。男性の背広の色もダークグレー，ダークブルーが基調だった。屋根がわらや塀もそうした中間色が大半で，街全体に落ちついた雰囲気をかもし出していた。

　こうした中間色志向の日本人の性格は，自説をあまり強く主張しないこと，「イエス」・「ノー」をはっきり言わないこと，「ノー」の場合でも「考えておきます」とか「前向きに善処します」などと返事をすることをよしとする精神構造と一脈通じるものがあろう。要するに「あいまい文化」なのである。（もっとも，台湾にもものごとをはっきりさせない言い方があるが……例：這件事 我們研究研究；考慮考慮；檢討檢討）。

　あいまいさというわけではないが，何か決めるとき，欧米ではコインを用いる。表か裏かどちらかで中間はありえない。と

ころが日本のじゃんけんには「あいこ」があって，決まるまでに時間がかかるところがある。このあたりにも，ものごとを速戦即決せずに，間を置くという中間志向がみられる。

　ところが，最近は若者などの服装がずいぶん派手になり，原色をそのままとり入れた鮮かな色彩が見られるようになった。そうした服装にマッチするには，やはり頭のてっぺんからつま先まで変色しなければならないのだろう。黒い髪をわざわざ茶色や金色に染めて無国籍人になった人。爪をのばして赤く染めている人。必要以上に濃い口紅をつけたり，アイシャドーで目を大きく見せようとしている人。ついでに目の色も茶色に染めればいいのに，と思うことがある。

　人間だけではない。日本の街並みの色彩もずいぶんケバケバしくなってしまった。周囲と不調和なノッポビル。自分のところだけが目立てばよいとの考えから，周囲の色彩とちぐはぐな色で塗られた住宅。さすがに歴史的に由緒のある街では，高さと色彩に規制を設けて，これ以上の無秩序な街づくりにストップをかけているところもあるが，多くの都市で，日本固有の色彩が消えて，冷たい感じの人工都市になりつつあるのは非常に

残念なことである。

中間傾向

- や＼：稍微。　　◎や＼＝やや。“＼”表示與前同。

- 控え目：比較保守。

- 晴れ着はともかく：盛裝且不提。

　◎ともかく：姑且不論；暫且不說。

- 目立たない：不醒目；不顯眼。

- ダーク　グレー（dark gray）：深灰色。

- ダーク　ブルー（dark blue）：深藍色。

- 屋根がわら：屋頂的瓦片。　　◎かわら → 瓦。

- 塀：圍牆。

- かもし出す：造成；襯托出來。

- 前向きに善処する：以積極的態度處理。

- ～をよしとする：認為～是對。

- あいまい：含糊；不明確。

- コイン（coin）：銅板；銀幣。

- じゃんけん：猜拳；剪刀石頭布。　❀グーチョキパー

- あいこ：不分勝負；不相上下。

　◎日本孩子猜拳時喊「じゃんけんぽん，あいこでしょ」意思和我們「剪刀石

　　頭布！布！」相似。

- 間を置く：留個間隔；設緩衝時間。

- マッチ（match）：相配；均衡。

- 頭のてっぺんから足のつま先まで：從頭頂到腳尖；全身。

　◎てっぺん：（山）頂。

　◎つま先：腳尖。

- アイ　シャドー（eye shadow）：（化粧品）眼影。

- ケバケバしい → けばけばしい：形容過份鮮明強烈的顏色；花俏刺目。

・ノッポビル ＝ のっぽビル（ building ）：超高建築物。

◎のっぽ：身材過高的人；長腿。

・ちぐはぐ：不調和；不相稱。

15. 色のイメージ

　各民族には，色に関してそれぞれ特有の感覚があるようだ。日本では不吉の色とされる黒も，アフリカやカリブ諸国では，服の地色に多く使われたりする。（そのため，黒人が黒い服で夜道を歩くと見分けがつきにくく，交通事故の原因の一つにもなっているそうである）。

　ところで，台湾や韓国では，朱色（赤）は幸福と繁栄の色とされ，国旗にも使われている。日本でも赤はめでたい色とされるが，若い人のふだん着の服装などを除けば，日常生活で赤を多用することはあまりない。（台湾のように，住居の入口の扉を赤で塗るというようなことはない。）ただ，日本では郵便ポストは赤で塗られており，大都市には速達用の青ポストもある。ところが，台湾では普通のポストは緑色，速達用は赤というふうに，日本と全く逆である。（ついでながら，ひと昔前の日本の公衆電話はほとんど赤であり，そのため、「赤電話」と呼ばれていた。今では，黄色あり，青色あり，緑色［テレフォンカード用］あり，とさまざまである。）台湾の郵便配達員は緑色

の制服を着ているが，日本ではとくに定まってはいない。（や
や薄い青系統の服装が主流。）もっとも，彼らも緑の帽子はか
ぶらないようだ。中国では昔から「緑の帽子」は，ぐうたら男
の印として忌み嫌われているが，日本ではそんなことはない。
緑の帽子・ユニホームをチームカラーとしているプロ野球の球
団もあるほどだ。さらに，昔は「みどりの黒髪」と言えば，み
ずみずしさを示す形容として用いられたわけだから，「緑」に
対して，日本ではよいイメージがある。（水の「青」と木々の
「緑」は昔から日本を代表するイメージの一つである。）

　さて，日本や台湾，韓国でめでたい色とされる赤も，アメリ
カの一部の地域では，革命を企てる共産主義者を意味し，不快
きわまりない色とされているらしい。又，黄色と言えば，中国
では皇帝の色として高貴な，威厳のある色であったが，現在で
はいかがわしいイメージも持つようである（例：黄色電影，黄
笑話，黄牛）。一方，日本では「紫」が高貴なイメージをもっ
ている。お坊さんや相撲の行司で，一番格が上の人が「紫」の
衣裳をつけている。総じて日本では，とくに色に対するタブー
はないようだが，ピンク（桃色）は，時と場合によっては，好

色的なイメージがあるので注意が必要である。

對色彩的感受

- イメージ（ image ）：印像；形象。

- アフリカ（ Africa ）：非洲。

- カリブ諸国（ caribbean ）：加勒比海各國。

- 朱色：朱紅色。

- めでたい色：吉慶的顏色。

- 郵便ポスト（ post ）：郵筒。

- 速達：（郵政）快信；限時專送。

- ひと昔前：往昔；約十年以前。

  ◎ひと昔：一般認爲約十年前，有「10年ひと昔」的俗語。

- 郵便配達員：郵差。

- ぐうたら男：遊手好閒，無所事事，好吃懶做的男子。

- 印：標識。

- チーム　カラー（ team colour ）：球隊的代表色。

- みどりの黒髪：烏溜溜的秀髮。

  ◎みどり：表示青翠、幼小、不成熟。

  △みどり児：3歲以下的幼兒。

- みずみずしさ：嬌嫩新鮮。

- いかがわしい：低級的；不正派的。

- 相撲の行司：相撲的裁判員。（行司有特別的古代穿扮）。

- タブー（ taboo ）：禁忌。

- ピンク（ pink ）：淡紅色；桃色。

16. 時間感覚

　日本人は几帳面で，時間を正確に守る民族であると言われている。確かにTVやラジオの番組は，新聞のTV・ラジオ欄どおりの時刻に始まるし，1分1秒たりとも遅くなることはない。（最近は，野球中継が延びて，そのあとの番組が，30分ずつ繰り下げられて放映されることがある。野球中継以後の番組を録画しようとして，あらかじめその番組が始まる時間にビデオをセットして外出した人などには，この野球中継の延長は，すこぶる評判が悪い）会社の出勤時間も，タイムカードに1分の違いもないように刻まれる。更に，バスはともかく電車の遅れも，よほどの事故でない限りはほとんどない。（ダイヤどおりに正確に運転されている。）2〜3分の遅れでも，駅では必ず放送してくれる。曰く「×時×分発の東京行は，途中駅を3分遅れて発車しております」，曰く「踏切事故で遅れておりました×時×分発熱海行の電車は，隣の駅を発車しております。今しばらくお待ち下さい」と。2〜3分の遅れをわざわざ放送するなんて，時間にルーズな国から来た人が聞いたら，びっくり

するであろう。

　今は世界のどこでも，ビジネスの場合は時間を守るのがふつうのようだが，それ以外の日常生活の場では，必ずしもそうではないらしい。日本では，相手が目下の場合，目上の人が約束の時間に遅れてくることもあるが，概して，約束の時間の10分前 20分前に到着していることが必要である。学校を含めて社会全体が，遅刻を非常に嫌う気風がある。もし，遅刻しそうになって，又は遅刻して，何の電話連絡もない時には，その人は信用を失うこともある。ところが，アラブ世界やアフリカ，それに中南米などでは，時間に対しておおらかで，30分や1時間の「遅刻」はむしろ当然であるという。もっとも，台湾でもパーティや会合を開く時は，約束の時間を遅らせるのが礼儀らしい。招待してくれた人も遅れて来るので，その人より早く到着するのは，マナーに反するのだろうか。台湾でちょうどよい「遅れ具合」は 30分ぐらいらしい。日本人には理解しがたい時間感覚である。日本人の心の中で，「遅れても仕方ないな」と思うのは，飛行機の発着時間ぐらいで，その他の場合では，時間を守ることが「しっかりした人間」とみられる条件の一つ

であるようだ。

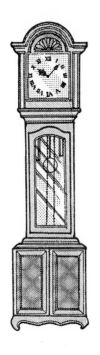

時間觀念

• 几帳面：規規矩矩；一絲不苟。(多指人的性格和對事物的態度)

• 繰り下げ：往後順延。

• ビデオ (video)：錄影機。

• セット (set)：按排好 (定時開關)。

• すこぶる：頗。　㊟たいへん；非常に

• タイム　カード (time card)：記時卡；工作時間記錄卡。

• ダイヤ → ダイヤグラム (diagram)：火車時刻表。

• 踏切：平交通。

• ルーズ (loose)：馬虎；散漫。

• アラブ (Arab)：阿拉伯。

• おおらか：落落大方。

17.　贈り物文化

　日本人ほど，贈り物を頻繁にやったりもらったりする民族は、世界でも珍しいのではないのか。お中元やお歳暮はともかく，やれ入学祝いだ，進級祝いだ，やれ誕生祝いだ，バレンタインデーだ，クリスマスだ，お年玉だ，卒業祝いだ，それに，結婚式や葬式のお返し，香典，快気祝い……と，まあ1年中，贈り物ごっこを楽しんでいるようなものだ。とくに，二大年中行事化したお中元とお歳暮の季節には，いったいどのくらいの贈答品が，日本中をかけめぐるのだろうか。筆者も，毎年この季節になると，いく人かの御父兄から贈り物をいただくことがある。1個3千円〜5千円ぐらいのものだが，ありがたく頂戴することにしている。(洋酒やビールのセット，ジュースなどの飲み物と果物や乳製品の缶詰セット，のりやお茶のセット，洋菓子やチョコレートのセットなどが多い)エライ人たちなら，このような贈答品で部屋がいっぱいになり，その処理に頭を痛めることだろう。

　ともかく，デパートへ行って，その品物のカードに相手の住

所と名前を書けば，デパートが相手方まで届けてくれる仕組み
になっている。（その際，あまりに遠い地方だと多少送料を
とられることがある）

　ところで，お中元・お歳暮の季節になると困ることがある。
それは，家を留守にした場合,デパートからのギフト商品は,隣
り近所に預けていくことだ。自分の家には（あまり）お中元・
お歳暮は来ない，しかし隣りの家には，連日何がしかの贈
り物が来る，しかしいつも留守……というような場合，「代
りに受け取ってやらない」ということもできないし……。この
ような場合「うちは隣りの贈り物預り所ではないのよ」のひと
ことも言ってみたくなるだろう。

　さて，一般的に言って，贈り物を相手に渡す時，日本では，
「つまらないものですが……」などと謙遜した言い方をするが
（台湾でも似たような表現をする。"一点心意"とか"小意思"）
実際は，日本の贈り物にはかなり高価なものが多い。
もし相手が欧米人なら，二度びっくりするだろう。はじめは，
「つまらないものをなぜ自分にくれるのか」ということで，次
に「こんな高価なものを！」ということで。更に贈ろうとす

る相手が上司ならば、「これは賄賂ではないか」とかんぐられてしまうだろう。又、台湾では，亀を忌み嫌うが（烏亀→汚閨）日本では，鶴と亀はともに長寿の動物としてめでたいものとされており，それらの図柄のある置き物なども，贈り物として相手にあげるのに，何ら問題はない。それに台湾では，時計などの贈り物も嫌われているが（送鐘→送終），日本ではそのようなことはなく，時計は贈り物としてよく使われている。

最後に，贈り物をもらった時に，その場で包みを開いて礼を言う習慣のある民族もあるが，日本や台湾では，その場で開けるというようなことはしない。（大ぜいの人たちから一つの贈り物をもらった時に，「こういうものをもらいました」という意味で，みんなに見せるため，その場で包みを開けることがある。）

いずれにしろ，贈り物は，ただ高価であればよいと言うわけではなく，贈る時期と中味がむずかしい。

禮物文化

- お中元：在 7 月 15 日前後贈送的禮物。（日本的中元節按陽曆舉行）

- お歳暮：在年底贈送的禮物；年禮。（日本一年發兩次獎金，即 7 月 15 日和
  12 月 15 日，也有在此時贈送禮物，寄發慰問、祝福信的習慣）

- やれ入学だ祝いだ，やれ誕生祝いだ：慶祝入學呀，慶祝生日呀等等。

  ◎やれ～だ，やれ～だ：列舉同類事物時用的助詞。另有「～やら，～やら；
  ～だの，～だの」等。

- 進学祝い：升學賀禮。

- バレンタインデー（ St. Valentine's Day ）：2 月 14 日的西洋情人節。

- お年玉：壓歲錢；新年裏送孩子們的禮物。

- お返し：回禮。 ㊗返礼（へんれい）

- 香典：奠儀。

- 快気祝い：慶痊癒。

  ◎快気：病癒。

- 贈り物ごっこ：玩送禮遊戲。

  ◎～ごっこ：作接尾詞表示模仿～玩遊戲。也有「互相～」的意思。

  △お医者さんごっこ：玩當醫生遊戲。

  △電車ごっこ：玩開電車遊戲。

  △鬼ごっこ：捉迷藏。

  △だましごっこ：互相欺騙。

- 御父兄：（學生）家長。

  △父兄会：家長會。

- 頂戴する→いただく：(「もらう」的謙遜語）敬領。

- セット（ set ）：配合成一組的東西。

- のり：紫菜；海苔。

- エライ人 → 偉い人：有名有勢的人；有頭有臉的人。

・ギフト（ gift ）：禮品。 ㉘贈答品；贈り物。

・預ける：寄放；托人保管。

・何がしか：多多少少。

・〜のひとことも言ってみ　たくなる：眞想說句〜；忍不住發句牢騷。

・かんぐられる：（往壞處）被猜疑。

　◎かんぐる：瞎猜疑；起疑心。

・図柄：圖案。

18.　使い捨て文化

　食べ物を口まで運ぶ方法は大まかに言って，三つに分かれる
そうだ。一つは手で，もう一つはフォーク・スプーンによって，
そして三つめは箸によって，である。このうち箸を使うのは，
中国を中心として日本・朝鮮・ベトナムなどの東アジア地域で
ある。そのうち，純然たる箸文化——箸以外にスプーンなどは
使わない——を築いたのは、どうも日本だけのようである。そ
の箸も，三度の食事に使うのは，日本のものは中国のものと違
って，片方がやゝ細くなって先がとがっている。中国料理に比
べて日本料理は，小さく細かく切ったものが多く，つまむのに
便利なためなのであろうか。
　又，お正月や祝い事に使う箸は白木でできており，両方の先
端が細くなっている。これは，食事というものはもともと神様
とともにするものだという神人共食の名残りである。

　ところで，日本料理のレストランやすし屋・食堂へ行くと，
割り箸が出される。駅弁やホカホカ弁当などにも，割り箸がつ
いている。しかし，この割り箸は，考えてみるともったいない

話だ。一度使用したら，すぐ捨ててしまう。いわゆる空き缶，紙オムツなどと同じく使い捨て文化の典型である。丸太から角材をとったあとの，使い道のない木材を割り箸にしているというが，単純計算では，1年間に日本が割り箸として使用する量で94戸の家が建つという。更に，日本の割り箸消費量の1/5は韓国，フィリピンからの製品輸入である。又，この割り箸となる木材も含めて，アジアの熱帯林の7割が日本に輸出され消費されている。世界から「日本は森食い虫だ」と非難されても致し方ないであろう。

　20分間しか使えない電気カミソリ，50時間しか聞けないラジオ，シャッター回数2千回でおしまいのレンズとフィルムとシャッターを組みあわせた使い捨てカメラ……その使い捨て商品は，とどまるところを知らない。

　身の回りのもの，たとえば，傘だって，靴だって，TVも，ラジカセも，こわれても修理せずに捨ててしまうのは，すべて「使い捨て商品」と同じである。

　「消費は美徳」などという言葉に踊らされ，ムダ使いや使い捨てを当然のこととしている神経は異常である。

一次性文化

- 使い捨て：用完就丟。

- 大まか：大略。

- フォーク（ fork ）：（西餐用）叉子。

- スプーン（ spoon ）：湯匙。

- 箸：筷子。

- ベトナム（ Viet Nam ）：越南。

- つまむ：（用筷子）夾；（用手指）拈。

- 白木：原色木料；沒擦任何塗料的木料。

- 名践り：古風遺習。

- 割り箸：雙連木筷。

- 駅弁：車站出售的飯盒。

- ホカホカ弁当：飯盒的商業名稱，意爲熱騰騰的飯盒。

  ◎ ホカホカ → ほかほか：形容溫度高有熱氣。

- もったいない：可惜。

- 空き缶：空罐頭。

- 紙オムツ：紙尿片。

  ◎ オムツ → おむつ：尿片。

- 丸太：原木料；沒有加工處理的樹幹。

- 角材：四稜木料；削成四方的木料。

- フィリピン（ philipine ）：菲律賓。

- 7割：70％；七成。

- 森食い虫：蠶食森林的蟲子。

- 致し方ない：沒辦法。 ㊦ しかたがない

- 電気カミソリ：電動刮鬍刀。

  ◎ カミソリ → かみそり：剃刀。

- シャッター（shutter）：（照相機的）快門。
- おしまい：完了。
- レンズ（lens）：（照相機的）鏡片。
- フィルム（film）：（照相機用）膠片；底片。
- カメラ（camera）：照相機
- とどまるところを知らない：沒有止境；無限制地發展下去。
- ラジカセ（radio＋cassette）：收錄音機。
- 消費は美徳：(商人推銷商品的口號）消費就是美德。

- 踊らされる：被擺佈；被操縱。
- ムダ使い ＝ 無駄使い：浪費金錢。

19.　入浴文化

　日本人は，清潔ずきな民族だと言われるが，その日本人が，

なぜあんな不潔なことをするのか，合点がゆかぬという外国人

の批評がある。それは入浴に関してである。日本へ来た中国人

がびっくりするものの一つに「銭湯」がある。これほど名称と

実態が，日本と台湾でかけ離れているのは珍しいのではないか。

「銭湯」とは中国語では，「お金とスープ」だし，日本語では

「大衆浴室」の意味になる。親にさえ自分の裸は見せない中国

人にとって，日本人のように，アカの他人が裸を見せ合い(?)，

そのうえ，いっしょに湯舟につかり，アカをこするなんて，目

の玉が飛び出るほどびっくりしてしまうらしい。やはり日本

人は文化的に野蛮な民族である，と。又，留学生などで日本人

の家に同居したことがある人は，浴漕の外で体を洗うにしても，

一人ごとにお湯を取り替えないことに，不潔感を抱くらしい。

（もっとも，日本人はあとから入る人のために，できるだけ

浴漕内のお湯をよごさぬように気を配っているものである。つ

いでに，日本においてお風呂に入る順序は，今でも男尊女卑・

年功序列が徹底している。父親→子供→主婦（母親）である）

　確かに日本人の風呂の入り方は特殊である。世界の民族の大部分は，入浴と言えば，浴漕の中で体を洗う（垢をとる）ことだと考えるが，日本人はそれに加えて，熱いお湯にたっぷりつかって，一日の疲れをいやすことを最大の楽しみにしている。外国人からみたら，その熱さは，生きたままゆでられるのではないか，と思われるほどだ。

　だが，最近では，都会の銭湯はほとんどその姿を消してしまった。どの家庭にも浴室があり，シャワーなどが備わってきたからだ。昔の銭湯は社交場の役目も果していた。近所の人が，お互いに同じ湯舟につかり，一心同体となって，和気あいあいの気分で時をすごしたり，よもやま話に花を咲かせる場であった。女は井戸端で，男は銭湯で，それぞれ日常会話を楽しんだものだったが，今はすっかりそうしたコミュニケーションも絶えてしまった。

　日本人は家族や団体で温泉旅行に出かけるが，そうした折に，ホテルの自室に浴室が備えつけられていてもそれを使用せず，大きな広々とした公衆風呂にゆっくりつかりたいと思っている。

したがって日本のホテルは，洋式であっても，そうした日本人の大風呂願望に答えるために，必ず何十人，時には何百人が同時に入れる大きな風呂場を備えつけているのである。

ホテルに着いたらすぐに，夜寝る前に，そして朝起きてすぐに，と風呂好きな人は一日に3回も湯につかる。まことに日本人は風呂好きな民族といえよう。

残念なことに，日本人には「旅の恥はかき捨て」という習慣がある。温泉旅行に団体ででかけ，温泉につかって，すっかり気分がくつろいだ人の中には，旅に出たという開放感も手伝ってか，ハメをはずす人も少なくない。温泉地は，又，歓楽地でもあり，赤い灯・青い灯が人々を待ちうけている。それらの誘惑に負けて，大失敗をしでかす人もいる。

洗浴文化

• 合点がゆかぬ：不明白；無法理解。　⊛わからない

　◎合点（がてん）：理解；領會。　⊛なっとく

　△ひとり合点してはいけない：別自以爲是（事實並不然）。

　◎合点（がってん）：首肯；承諾。　⊛うなずく

• 銭湯：公共澡堂。　⊛ふろ屋

• アカの他人：（沒有血緣關係的）外人；陌生人。

　◎アカ → 赤：當作接頭語表示："完全"。⊛まったく；すっかり

　△あかうそ → 全くのうそ：完全是謊話。

　△あかはだか：赤條條；裸身。　⊛まるはだか

　△あかはげ：（頭髮）完全禿光。

　△あかべた：非常不高明。　⊛あかっぺた

　△あかはじをかく：丟人現眼。

• 湯舟：浴缸；浴池。（多指木製浴缸）　⊛よくそう

• アカ → あか：汚垢。

• 目の玉が飛び出るほどびっくりする：非常吃驚。

　◎目の玉が飛び出る：形容程度很厲害。

　△目の玉が飛び出るほど高い：價錢貴得離譜。

　△目の玉が飛び出るほどからい：辣得要命。

• 疲れをいやす：恢復疲勞。

　◎いやす：醫治；解除。　⊛なおす

　△谷川の水でのどのかわきをいやした：喝溪水來解渴。

　△恋の痛手をいやすために，旅に出た：爲了治療因戀愛而受到的創傷，出門
　　旅行了。

• ゆでられる：被煮熟。

◎ゆでる：白煮；燙。

　△ゆでたまご：白煮蛋。

　△ゆでだこ：白煮章魚（呈紅色）。

　△ホーレン草をゆでる：把菠荣燙一下。

・シャワー（shower）：淋浴器；蓮蓬頭。

・和気あいあい ＝ 和気藹藹：和睦可親；氣氛和藹。

・よもやま話：山南海北的聊天。

・話に花を咲かせる：打開話盒子。

・井戸端：井邊。（昔時婦女常聚在井邊，一面洗米、菜、衣服一面聊天）。

　△井戸端会議：喻婦女們在一起閒聊。（現在並不一定在井邊，也用「井戸端
　　」來形容婦女們的聊天）。

・コミュニケーション（communication）：溝通。

・くつろぐ：放鬆身心休息。　⊛やすむ；リラックスする

・ハメをはずす ＝ はめをはずす：失去理性的行爲。

・赤い灯、青い灯：指霓虹燈。

・しでかす：幹出（壞事）；闖（禍）。

20． 家庭の大黒柱

　かつて日本では，「男は外で仕事，女は内で家事」というように，はっきり男女の役割分担が決められていた。いや日本だけでなく，儒教的色彩の濃い東アジア文化圏では，ほぼ似たような考え方であったろう。ところが，平均寿命の伸び（何と日本の女性の平均寿命は80才を越え，世界一の長寿である!!）や，男女同権の考え方，職業の多様化などにより，「外」で働く女性が激増してきた。だが，まだまだ日本は男性社会。そう簡単には女性の主張が通らない。したがって，結婚（家庭）より仕事ということで，独身のキャリア　ウーマンもおり，男性と見劣りしない仕事をしている女性もいるが，いったん家庭に入った主婦が，子育てが済んだからもう一度「外」で働きたいと思っても，せいぜい「パート　タイマー」ぐらいしか働き口がないのがふつうである。

　パートタイマーの収入なんてたかが知れている。（最高でも，年収100万ぐらいである）それなのに，なぜ主婦は「外」で働きたがるのか。マイホームのローンの返済の手助けと増え続け

る教育費の捻出のためというのが，その最も大きい理由である。

　ところで，夫婦共稼ぎとなれば，どうしても家族（子供）との対話も少なくなり，食事も簡単になりがちである。以前より多少は収入も増えたが，家庭内はそれとは裏腹にバラバラで，家族間の絆も緩んできている。きれいなマイホームを建て，家族のそれぞれが個室を持ち，それぞれ自分の生活をエンジョイしているが，食事や寝る時間，外出など生活時間が各自まちまちで，全員が顔をそろえる機会がほとんどないという家庭では，子供たちがおきまりの「非行」へ走るのも無理もなかろう。（両親とも金をかせぐのに忙しく，子供に対するしつけを放棄してしまっている。その尻ぬぐいを学校に押しつけてくるわけだから，学校の教師も大変である）何しろ，夜の8時ごろまで子供たちだけしかいないという家庭は，たとえ明かりが灯っていても，冷え冷えとしている。やはり主婦は，母親は，少しばかりの収入に目がくらんで家庭をないがしろにするより，どっしりと構え，家という城を守っている方が望ましいのではないか。

一家之主

- 大黒柱：一個團體的中心人物；能承擔一切的領導人物。◎大黒柱原義為頂樑柱。

- キャリア　ウーマン（ carrier woman ）：經驗豐富的職業婦女；有經驗的女強人。

- 見劣りしない：毫不遜色。

  ◎見劣り：遜色；差。

- 子育て：養育子女。

- パート　タイマー（ part timer ）：打零工者。

- たかが知れている：有限；沒甚麼了不起。

  ◎たか：分量；數量。

- ローン（ loan ）：貸款。

- 手助け：幫助。

- 夫婦共稼：夫妻都出外工作賺錢；雙職工。　❀ともかせぎ

- 裏腹：相反。

- バラバラ → ばらばら：散亂；不團結。

- 絆：（血緣、愛情的）羈絆；聯誼。

- エンジョイ（ enjoy ）：享受。

- まちまち：各不相同。

- おきまり：慣例；老套。

- 非行に走る：步入歹途。

  ◎非行：出軌行為，多指青少年的不正當行為。

- 尻ぬぐい：善後；收拾殘局。　❀あとしまつ。

- 目がくらむ：眼花；唯利是圖。

  ◎　金に目がくらむ：見錢眼開。

- ないがしろ：不放在眼裏；不當一回事；輕視。

21. 優雅な女性

　暇はあるが金はない，あるいは逆に，金はあるが暇はないという人が多い世の中にあって，暇も金もあるというのは，どういう人たちであろうか。それは女性であり，主婦であり，ＯＬであり，女子大生である。家庭用品の電化，食品のインスタント化，使い捨て文化の浸透……。家事の重労働から解放された女性は，いきおい外に向かって羽を伸ばそうとする。特に最近では，美容と健康を兼ねて，スイミング　クラブとかエアロビクスに精を出す女性も多い。又 教養を深めようとして，〇〇カルチャーセンターとか，〇〇講座に通う女性も増加してきている。いわゆる華道・茶道・料理などだけでなく，文学・語学・美術・宗教・歴史といった教養講座も非常に盛況である。こうして，女性が暇を利用して自らの教養を高めるのはいいことなのだが，これにより，ますます男性との間に教養面で差がついてしまうことを恐れる。男性は日々の仕事に忙しく，たまの休日には家族サービスにも努めなければならないし，仕事のストレスをゴルフなどで解消する必要もあろう。とても「教養」

を高めるまでにはいかない。ゆっくり家で休養しようと思って「ゴロ寝」などしていれば、「粗大ゴミ」扱いにされて、家族全員から総スカンを食ってしまう。誠に身の置きどころがないというのが実情だ。

更に、年末年始の休み・ゴールデンウィーク・夏休みなどの長期休暇を利用して、海外旅行を楽しむ人は年間450万人にものぼるが、その筆頭は言うまでもなく、独身女性である。何とも優雅な身分ではないか。毎日毎日、汗水たらして働くだけしか能がない30代・40代の家庭持ちの男性からみれば、全くうらやましい限りである。

ところで、優雅なという点では、今の日本の大学生もOLなどに劣らない。昔の大学生は、学費を捻出するために、仕方なくアルバイトをしたものだが（したがって、アルバイトにはどこか暗い影がつきまとっていた）、今の学生は、旅行・趣味・娯楽の費用をかせぐためにアルバイトをする者が多く、悲愴感などほとんどない。つまり、どうしてもアルバイトをしなくてはならぬ切実な理由は何もないのである。それに困ったことに、日本の大学は入るのは難しいが、卒業は簡単という悪しき伝統

がある。したがって，大学生の中には，ほとんど講義に出ない
で，アルバイトに精を出す者もけっこういる。（そのうち，そ
のアルバイトが高じて本職になってしまう学生もいる。）上が
こうだから，下もこれに倣おうとする。さすがに高校生で学期
中にアルバイトをしている生徒は少ないが（もっとも，学期中
でも「デニーズ」などの外食レストランでは，夕方から夜にか
けてウェートレスのアルバイトをしている女子高校生もいる。
外食産業は従業員の 60 〜 70 ％がアルバイトかパートタイマー
である），夏休みともなれば，学校に隠れてアルバイトをして
いる生徒も案外多い。（日本の高校の多くは，アルバイトを禁
止しているか，許可制にしており，学校が公認しているところ
はほとんどない。）中には，高校生・大学生にふさわしくない
風俗産業（セックス産業）などでアルバイトをしている者もお
り，そのままずるずるとその道にのめりこんで，身を滅ぼして
しまう例も少なからずあるようだ。額に汗して知る労働の
貴さとお金の価値を知ることはよいことかもしれないが，そ
れにより失うものも多いわけで，学生にとってアルバイトは両
刃の剣といえよう。

優雅的婦女

• ＯＬ（ Office Lady ）：女職員。

• 女子大生：女大學生。

• インスタント化（ instant ）：速成化，簡便化。

• 使い捨て文化：用完即丟的風氣。

• いきおい：順勢；乘勢。

• スイミング　クラブ（ Swimming club ）：游泳班。

• エアロビクス（ aero bics ）：有氧運動。

• 精を出す：致力；起筋。

• カルチャー　センター（ culture center ）：文化中心；講習會。

• ストレス（ stress ）：緊張狀態。

• ゴルフ（ golf ）：高爾夫球。

• ゴロ寝 ＝ ごろ寝：和衣躺下休息；隨便躺下。

• 粗大ゴミ扱い：當作大型廢物

　　◎ゴミ ＝ ごみ：垃圾；廢物。

　　◎扱い：看待；當作。

• 総スカンを食う：被（衆人）排斥。

　　◎スカン ＝ 好かん：不喜歡；討厭。

• 身の置きどころがない：無容身之地。

• ゴールデン　ウィーク（ golden week ）：黄金週，指４月下旬至５月初的
　　７天連續暇期。

• 筆頭：第一名；排在前頭。

• 働くだけしか能がない：只知拼命工作，不會別的。

• 捻出：籌措出來。　㊗くめんする

• アルバイト（ Arbeit ）：打工。

• 悪しき：不好的，此語爲文言。　㊗わるい　　　　悪しき↔よき

• 132 •

・高じる：（不好的情況）加深；更甚。

・本職：本行；專業。

・ウェートレス（waitress）：餐廳女服務員。

・学校に隠れる：瞞着學校。

　◎かくれる：隱瞞；偷偷地。

・ふさわしくない：不適合。

　◎ふさわしい：恰當；適合。

・セックス産業（sex）：色情行業。

・ずるずるとのめりこむ：不知不覺陷進去。

・両刃の剣：雙面刀；有好壞兩面。　⊛もろはのけん

22. 厳父慈母から甘父干母へ

　昔の日本の家庭は，父親の厳しさと母親のやさしさがうまく調和がとれており，子供のしつけという点では，非常に理想的であった。一家の柱である父親は，デンと構えており，口数は少ないが，それだけに威厳があった。座っているオヤジの背中を見ただけで，いたずら坊主もピリッとしたものだった。子供が悪いことをしようものなら，ビンタの一発や二発はもちろん，ゲンコツが飛ぶようなこともしばしばだった。それに対して，母親はいつも，なぐさめ，励まし，かばってくれた。どちらも厳しかったら，子供は身の置きどころがなかったろう。

　ところが，戦後は，父親は会社が忙しいことを理由に，子供のめんどうをみなくなってしまった。朝早く家を出て，夜遅く帰ってくることが多いため，子供たちと接触する時間がなくなってしまったこともあるだろう。だから，どうしても子供に甘くなり，子供の要求に屈してしまうことが多い。そして，子育てやしつけは母親の仕事だということで，母親にすべてをおしつけようとする。これでは母親もたまったものではない。母

親だって核家族の中にあって，頼る人とておらず，毎日悪戦苦闘しているのだ。そして，自分たちの育った時代と今の時代の違いに戸惑い，言うことを聞かない子供に対して，力で押えこもうとする。「ＴＶばかりみてないで，勉強しなさい」「夜遅くまで何してんの!!早く寝なさい」「試験が近いというのに，遊んでばかりいるんだから，しょうがない子ね!!」……毎日がイライラの連続である。子供の目には，「母親とは，ガミガミ言って，いちいち干渉ばかりする存在」と映るようになってしまった。

由嚴父慈母變成甘父干母

- デンと構える：穩穩當當的態度；有威嚴的態度。

  ◎デンと ＝ でんと：形容沉着穩重的樣子。　　⊛どっしりと

- 口数は少ない：話不多；寡言。　⊛口重い　　　◎口数：說話的多少。

  △彼女は口数が多すぎる：她太多話；她是大嘴巴。　⊛おしゃべりだ。

- オヤジ ＝ おやじ：父親；老爸。

- いたずら坊主：淘氣的小男孩。

  ◎坊主：指男孩，因爲從前小男孩都剃光頭所以稱他ぼうず，有「小弟」之意
  。　⊛小僧（こぞう）

  △やんちゃ坊主：調皮、不聽管束的小男孩。

- ピリッとする ＝ びりっとする：形容緊張、受刺激。

- ビンタ ＝ びんた：原爲鬢角之意，現轉爲耳光。

  △びんたを打つ：打耳光。

  △びんたをくらう：挨耳光。

- ゲンコツ ＝ げんこつ：拳頭。

  ◎ゲンコツが飛ぶ：拳頭飛來；挨拳頭。

  ◎ゲンコツ也稱ゲンコ。

- かばう：祖護；保護。

- 身の置き所がない：無處容身；受不了。

- 甘くなる：變成不嚴格、放縱。

- たまったものではない：受不了；難以忍受。　⊛たまらない

- 頼る人とておらず ＝ 頼る人もなく：沒有可依賴的人。

  ◎～とて：接續助詞。即使～（下接否定）。

  △今から行ったとて間に合わない：即使現在趕去也來不及。

  △彼に頼んだとてあてにならない：就算拜托他也沒甚麼希望。

- 戸惑う：猶豫；不知所措。　⊛どうしてよいかわからない

- 押えこむ：壓制。
- ガミガミ ＝ がみがみ：（大聲）嘮嘮叨叨。

23. 家庭内離婚と不倫願望

　いっしょに暮してはいるが，精神的には離婚状態にある家庭内離婚が増えているという。

　いわば統計に現れない離婚で，10年以上共に暮した熟年夫婦の"離婚"が多い。原因はいろいろあるが，夫の単身赴任や家庭を顧みない働きバチの夫に，妻が愛想をつかしたこともその一因だろう。

　このように，夫婦双方，又は片方が離婚を望みながらも果せないでいるのは，まだまだ妻の経済的自立が困難なこと，老いた親の扶養の問題，子供が就職や結婚をする時に，片親だと支障があることなどが原因となっているからである。愛が失なわれ，冷えきった関係になればすぐ離婚する欧米とは，著しい違いである。まだまだ日本女性はがまん強いということだろうか。

　しかし，妻の自立志向が強くなってきたのは，やはり時代の趨勢であろう。昔は，「婦人三従の教え」というのがあって，結婚前には父親に，結婚後は夫に，夫と死別してからは子（とくに長男）に従うものとされていたが，現代のような核家族社

会になってからは，妻の自覚を促す時間的余裕が増え，女性は家庭にしばられるべきではないとする風潮も手伝って，かなり「翔んでる」女性も多くなってきた。その結果，妻たちの中には，夫以外の男性と変人関係を持ちたいと願う者も出現するようになった。マンガやテレビのドラマで，不倫（カタカナで「フリン」と書くこともある）をテーマにしたものが増え，それらがますます不倫をあおっているようだ。【人気ドラマ「金曜日の妻たち」から「金妻」という流行語が生まれ，「私，金妻しちゃう！」（不倫願望）の言い方が，人々の口にのぼっているほどである】夫が外で汗水たらして働いているとき，妻が涼しい顔で不倫を楽しんでいるとは………。もう，許せない‼

• 140 •

家庭內離婚和感情出軌趨向

• 不倫願望：嘗試婚外情的願望。

• 働きバチ：工蜂。　　◎ハチ＝はち：蜜蜂。

• 愛想をつかす：絕望；厭倦。

• 片親：單親。

• 支障：麻煩；妨礙。　⊛さしつかえ；さしさわり。

• がまん強い：有耐心；會忍耐。

• 翔んでいる女性：自力開拓人生的女性。

• ドラマ（ drama ）：戲劇。

• 不倫：違背社會道德；尤指不正常的男女關係；婚外情。

• テーマ（ thema ）：主題。

• あおる：煽動。

• 涼しい顔：若無其事的樣子；蠻不在乎的表情。

24. 単身赴任

　サラリーマンは「寄らば大樹の陰」とか「気楽な稼業」と言われたのは昔のことで、今は厳しい時代になってきた。転勤もその一つである。転勤は会社や役所にとって人事の交流や人材育成上、どうしても必要なことであるし、それを重ねながら昇進していくので、「転勤は勲章みたいなものだ」と言われてきた。

　だが、ここに大きな問題が横たわっている。転勤といっても、家族持ちのサラリーマンの場合、5人に1人は「単身赴任」しており、その割合は、中高年層になるに従って多くなっていることだ。なぜ、日本では「単身赴任」が多いのだろうか。【欧米でこんなことがあったら、即離婚ということになるという】それは第1に、子供の教育・進学の問題があるからだ。とくに、高校の転入学がカベになっているのだ。日本の高校では、「欠員がある場合」にのみ、転入学を認めるという原則になっているので、なかなかスムーズに転入学ができないという事情がある。又、海外に転勤して再び日本に戻ってきた場合、子

供が日本の進学競争（受験戦争）についていけなくなる，という心配もあって，年頃の子供を親戚に預け夫婦だけで赴任するというような例もある。更に，自分の持ち家があるからとか，家族が病気や出産のためとか，年老いた両親がいっしょに転居するのが困難であるなどが，「単身赴任」の理由とされている。

サラリーマンはこれまで仕事第一で，家庭のことは黙って耐えてきた。「会社人間だ」「仕事中毒（ワーカホリック）だ」と酷評され，あげくの果てに，ECから「日本人はうさぎ小屋とあまり変らぬ住宅に住む仕事中毒者だ」と非難されても，それこそ，うさぎの目のように充血した目をこすりながら働いてきた。

だが，長期単身赴任は，経済的負担にとどまらず，いろいろな問題をおこしている。

赴任した父親は，忙しくて自分で食事を作ることなどはしないから，どうしても外食中心になり，栄養がかたよってしまう。又，洗たくなど身の回りのことも，ついおろそかになりがちである。会社が終わって帰ってきても，そこには「家族のぬくもり」はない。仕方がないから，その淋しさを酒でまぎらわす。

更に，妻以外の女性と親しくなり，深い関係にまで陥ってしまうこともあろう。

　一方，残された家族の方も，一家の大黒柱がいないのだから，毎日不安にかられる。全責任が妻にかかってくることから，妻の精神的緊張が高まりイライラしてくる。高校生ぐらいの子供になれば，男親がいないということは，羽をのばす絶好のチャンスだ。女親の言うことなどに耳をかさず，遊んでばかりいる。そのうち悪い遊びも覚えるであろう。子供のしつけに自信を失った母親は，自殺・母子心中に走らぬとも限らない。単身赴任から生じる家庭崩壊の悲劇は少なくない。

　しかも，最近は「転勤は出世への花道」でもなくなってきた。高度経済成長期（ 1960 年代後半〜 1970 年代前半）に大量採用された人々が，管理職になるような年齢になっても，管理職のポストが空いていないのだ。「家庭崩壊」をとるか，「望み薄の出世」をとるか，企業への帰属意識と一体感を生きがいとしてきたサラリーマンにとっても，大きな転機を迎えているようだ。

隻身到職

- 単身赴任：有家眷者單獨到別地去工作。

  ◎ 単身：單獨一人；隻身。

- サラリーマン（ salary man ）：薪水階級。

- 寄らば大樹の陰：大樹底下好乘涼，喻人們愛進大企業、大機構工作，比較有
  保障。

- 気楽な稼業：工作輕鬆，生活有保障的職業。

  ◎ 気楽：安逸；輕鬆。

  ◎ 稼業：行業。

- 転勤：調動工作；調換工作地點。

- 横たわる：橫臥；擺在眼前。

- カベ ＝ かべ：牆壁。轉義為障礙；困難。

- 欠員がある場合にのみ：只限於出缺時。

  ◎ ～のみ：當作副助詞，表示「只限於其本身；僅僅」。　㊗だけ

- ついていけない：跟不上。

- 年頃の子供：正當其年齡的孩子（ 此文中指將要進入高中或大學的孩子 ）。

- 会社人間：專為公司賣命的人；忠於公司職務的人。

- ワーカホリック（ work a holic ）：工作狂。

- あげくの果て：到了最後；結果。

  ◎ あげく：最後。

- Ｅ Ｃ（ European Communities ）：歐洲共同體。

- 経済的負担にとどまらず：不僅僅是經濟上的負擔。

  ◎ ～にとどまらず：不止於；不限於。　㊗だけでなく。

- 栄養がかたよる：營養不均衡。　　◎ かたよる → 偏る：發生偏差。

- おろそか：疏忽；馬虎。

- 家族のぬくもり：家庭的溫暖。　　◎ ぬくもり：溫和；暖氣。

- まぎらわす：排遣；解悶。　㊀まぎらす

- 大黒柱：房屋中最主要的柱子，轉義爲負擔一家生計者；父親。

- イライラ → いらいら；形容焦急不安。

- 男親：父親。

- 羽をのばす：無拘束；自由自在的行動。

- 女親：母親。

- 耳をかさず → 耳をかさないで：不聽；不理會。

  ◎耳をかす：傾聽。

- 子供のしつけ：子女的管教。

- 母子心中に走る：走上帶孩子自殺之路。

- ～に走らぬとも限らない：說不定會做出～。

  ◎～に走る：突然傾向於某方面（不顧其他）。

  △感情に走って理性を失う：偏重於感情，失去理智。

- 出世への花道：通往發迹的大道。

  ◎花道：①相撲力士出場的通道。

  　　　　②歌舞伎演員上下場的通道。

  　　　　③人生的鼎盛時期。

  △男の花道：男人的光榮時期。

- 管理職：主管人員。

- ポスト（post）：位置；職位。

- 望み薄：希望不大。

- 生きがい：生存的意義；生活的價值。

  △生きがいがある：活得有意思；

25. 酒と日本人

　台湾の人が，日本人の宴会をのぞいてみたら，そのどんちゃん騒ぎぶりにびっくりするだろう。とくに忘年会にその傾向が強い。歌い出す者，踊り出す者，なんと裸になる者もいる。日本は，上下の関係が厳しいと聞いていたが，今日は特別なのか。目下の者が目上の者に議論をふっかけているし，ヒラ社員が上司にからんでいる。いつもは，くそまじめな顔をしている男が，今日は目尻をたらして，社内でも美人の誉れが高い女性に，話しかけている。そういえば，その女性もすそのあたりが少し乱れていた。なるほど，「無礼講」というのは，こういう状態なんだな，とその台湾の人は，合点がいったようだ。

　さて，帰り際，その人は，駅のホームで，日本人の理性を疑いたくなるような場面に出くわした。ホームにゲロをはいている酔っぱらいがいるのだ。1人ではなく，2、3人も。台湾ではマユをひそめる光景ではないか，と思った。そして「確かに，日本は酔っぱらいに寛容な国だなあ」と感心したり，あきれたりした。車中では更に異様な光景に出会った。さっきの酔っぱ

らいが，女性にからんで，体を寄せつけているではないか。車中の人は見て見ぬふりをして，止めようともしない。明らかに女性は嫌がっているのに……である。幸いにも，女性は次の駅で降りて，ことなきをえたようだ。「酒の上のあやまちは，大目にみられる」と聞いていたが，ちょっと行き過ぎではないか，とその人は考えこんだ。

　さて，きわめつきは，電車を降りて，駅前でタクシーを待っている時に，見てしまったシーンである。あたりをちょっと見回すと，物かげではあるが，何とさっきの酔っぱらいが，立小便をしているではないか。台湾では，こんなことをしたら，ワイセツ扱いされるのに……。またまた，日本人のおおらかさにびっくりさせられた。聞きしにまさる「酔っぱらい天国」の実態を，目のあたりに見て，この台湾の人は，一種のカルチャーショックを受けたようである。台湾では，酒に酔って常態を失することは恥とされ，飲みすぎは弱い性格を表わすと見られがちである。（もっとも，台湾では，「乾杯！乾杯！」でむりに酒を飲ませる風習なきにしもあらずだが……その結果，飲み過ぎて倒れてしまう人もあるだろう）

寛容なのには理由がある。そもそも日本では，酒を飲めるのは，「ハレの日」に限られていた。神に捧げた酒を，神と人それぞれがともに分ち合い，歌いかつ踊るのだ。現在の宴会というのはその名残り。その座では，傍若無人の振る舞いが許されるという考えが根底にあるわけである。もっとも，日本人の中にだって「酒はひとりで飲むべかりけり」という人も，けっこう多い。（悲しさをまぎらす酒は，日本の場合，たいてい「ひとり酒」である。）それにしても，日本人は他の民族に比べて酔いやすい体質なのだろうか。ヨーロッパ人は，ビールやぶどう酒を，昼間から水代りに飲んでいるので（しかも，小さい時から），度を越さない飲み方が，自然に身についているのだろう。そういう違いはあるかもしれないが，やはり，日本人は酒の飲み方がヘタで，むちゃをする（腹がすいているのに，いきなり酒をあおってしまう）のが，最大の理由であろう。酒を飲むのではなく，酒に飲まれているのである。

　最後に，最近の日本における飲酒の悪い習慣をあげておこう。それは，主に若者たちのパーティやコンパで，酒を飲めない者に対しても，ビールならジョッキ1杯を，一息で飲むように，

周囲の者が「イッキ，イッキ」とはやし立てるやり方が流行している。酒が飲めない者にとっては，拷問にも等しいやり方である。その結果，急性アルコール中毒になって，救急車を呼ぶ騒ぎになることもある。（悪くすると，死んでしまうこともある。）こんなバカげたやり方は，台湾では，やってほしくない。

酒與日本人

- どんちゃん騒ぎ：敲鑼打鼓取樂；大聲吵鬧取樂。

- ぶり：姿態；行為。

- 忘年会：年終聚會。

- 目下：晚輩；部下。

- 目上：長輩；上司。

- 議論をふっかける：找別人抬槓。

- ヒラ社員 → ひら社員：基層職員。

   ◎ひら：普通一般；小；沒有頭銜的。

- からむ：找碴；取鬧。

- くそまじめ：一本正經；過份認真。　◎くそ：當作接頭語時，表示過份。

   △くそどきよう：膽大包天，好大膽。　　△くそおちつき：過份鎮靜。

- 目尻をたらす：眼角下垂，顯出好色的樣子。

- 美人の誉れが高い：素有美女之譽的。

- すそがみだれる：衣服的下擺亂了，喻婦女坐相不正。

- 無礼講：不計較禮節，開懷暢飲的宴會。

- 駅のホーム（plat form）：車站的月台。

- ゲロをはく ＝ げろを吐く：嘔吐。

   ◎げろ：嘔吐物。　⊛へど

- マユをひそめる ＝ 眉をひそめる：皺眉，表示不肖。

- ことなきをえる：沒有釀成大事。

- 酒の上のあやまち：因喝醉酒而犯的錯。

- 大目にみる：寬恕；不深究。

- きわめつき：更甚者；尤其要命的。

- シーン（scene）：情景。

- 立小便：（男子）在廁所以外的地方解手。

- ワイセツ ＝ わいせつ：猥褻。

- おおらか：寬宏大量；不計較細節。

- 聞きにしまさる：傳聞已久的。

- カルチャー ショック（culture shock）：對異文化的強烈感受。

- なきにしもあらず：並不是沒有；大有。

- ハレの日 → 晴れの日：吉慶節日。

- 名践り：昔時遺留下來的習慣或痕跡。

- 振る舞い：行爲。

- 酒はひとりで飲むべかりけり：取自近代詩人若山牧水的和歌：「白玉の歯に
  しみとほる　秋の夜の　酒はひとりで　飲むべかりけり」。

  ◎若山牧水（1885～1928）

  早稻田大學英文系畢業，除了短時期從事新聞記者外，專心作「和歌」。他
  酷愛旅行和酒，走遍日本各地，全國有「牧水歌碑」者不下50座。 除了上述
  之獨飲歌之外尚有
  「幾山河　越えさりゆけば　寂しさの　はてなむ国ぞ　けふも旅ゆく」
  「白鳥は　かなしからずや　空のあを　海の青にも　そまずただよふ」
  「うす紅に　葉はいちはやく　萌えいでて　咲かむとすなり　山ざくら花」
  等都膾炙人口。

- ひとり酒：獨飲。

- むちゃをする：胡鬧；沒有經過仔細的考慮。

- いきなり：一開始就……；突然。

- あおる：狂飲；大口地喝。

- コンパ（company）：（學生各自出錢的）同樂會。

- ジョッキ（jog）：（有把手的）大型酒杯；啤酒杯。

- 一息：一口氣。

- イッキ ＝ 一気：一口氣。

•はやし立てる：起哄；閙。

•拷問：拷刑。

•アルコール中毒（ alcohol ）：酒精中毒。

26． 高校生とバイク

　日本では，満16才になるとバイク（原動機付自転車・二輪車）の免許がとれることになっている。しかし，16才というのは高校2年生。この頃が一番むずかしい年頃で，何ごとにも好奇心を持ちたがるものだ。バイクもその一つである。あのスピードとスリルが，たまらない魅力なのであろう。

　免許をとれば，乗りたくなる。乗りまわしたければ，やはり自分のバイクがほしくなる。自分のものになれば，よりいっそうあちこち乗り回したくなろう。バイクの事故があとを絶たない悪循環が，ここにある。したがって，多くの高校では，バイクの免許をとらない，バイクを買わない，バイクに乗らない運動の「三ない運動」などを実施しているが，教師や親の目を盗んで，バイクに乗っている学生も多い。もちろん学校では，登下校にバイクを利用することは，禁止しているが，家へ帰ってからは，禁止していない学校もある。親も原則的には，この運動に賛成なのだが，子供にせびられると，買ってやってしまうケースが多い。（別に法律に触れた悪いことをやっているわけ

ではないし……。ただ，高校生のバイク事故が多い，というこ

とだけだから……。このあたりがこの運動の徹底を欠くところ

である。）そして親に買ってもらわなくても，ちょっとアルバ

イトすれば，「原動機付自転車」といわれるミニバイクは，す

ぐ買えるのだから，始末が悪い。男子高校生だけでなく女子高

校生もかなり乗っている。もともとミニバイクなどは，女性用

に売り出されたもので，ちょっと近くまで買い物に，といった

時に便利な乗りものであるが，いったんバイクに興味をもつと，

今度は，よりすぐれた性能の 250 cc，400 cc，それにナナハ

ンと呼ばれる 750 cc の大型オートバイも運転したくなるものだ。

こうなると，もう病気で，病気だから学校のことなどそっちの

け，明けても暮れてもバイク，バイク，バイク。その行きつく

先は，いわゆる暴走族の仲間入り，というのがおきまりのコー

スである。夜中，けたたましい爆音をたてて突っ走る。もちろ

んスピード違反・信号無視・走行違反。ただ一人だけではおも

しろくないから，仲間といっしょに突っ走る。「赤信号，みん

なで渡ればこわくない」を地で行くやり方だ。なぜ暴走行為を

するのだろうか。スピード・スリルの快感，エネルギーの発散，

猛烈な排気音の魅力などもあるが，更に「マシンはウソつかないからね。オレの思う通り走ってくれるし，オレにとにかく素直なわけ」と暴走族の言葉がすべてを代表しているように思える。この暴走族に参加すると，意外に古い，そして厳しい規律が待っている。上下関係は厳しく，新入りなどはピリピリするそうだ。こうした厳しさがあっても，暴走族の魅力は何かと聞かれると，「仲間意識だね。同じカマのメシ食う楽しさは，学校なんかじゃ味えないから」という答えがかえってくる。確かに，ここでは，学校で認められない者同士が，お互いに一人前の人間として認めあっているようである。

　暴走族の年令は，ほとんどが20才以下。いずれこんなバカげた行為はやめていくが，さんざん人々に迷惑をかけておいて，やめる時は，ケロッとして「暴走族をやめました」では，ムシがよすぎないか。暴走族の爆音のために，不眠症になったり，ノイローゼになったりする人も多いのだ。その人たちのことを考えれば，こんな非生産的な連中に，同情などいらない。私などは，本心から「こんな連中は，電柱などにぶつかって，さっさとあの世へ行けばよい」とさえ思っている。

高中生和機車

- バイク（ auto bicycle ）：機車。

- 免許：許可證；執照。

- スピード（ speed ）：速度。

- スリル（ thrill ）：驚險的刺激。

- 登下校：上下學。

- せびられる：被央求。

  ◎せびる：央求；纏着要。

- 始末が悪い：棘手；事情難辦。

  ◎始末：①事情的原委

  　　　　②（壞的）結果

  　　　　③處理；收拾

  　　　　④節省

  本文中之意思爲③。

- ナナハン ＝ 七半。

- 病気：此文中意思是「不正常；迷上」。

- そっちの：扔在一邊不管；不顧。

- 明けても暮れても：天天；一天到晚。

- 暴走族：飆車者。

- おきまり：常例；老套。

- けたたましい：（聲音）尖銳；刺耳（聲）。

- 突っ走る：奔跑；疾馳。

- 信号無視：闖紅燈。

- 走行違反：超車、蛇行等違規行車行爲。

- 赤信号みんなでわたればこわくない：紅燈時大家一起過馬路就不怕（沒有危險）了，此句係反幽默，爲諷刺某些不守交通規則者而說的話。

- 〜を地で行く：實地照〜做。

  △彼女の一生は全く小説を地で行くようだ：她的一生恰似將小說的情景表現在實際生活中。

- エネルギー（ energy ）：指青少年的精力。

- マシン（ machine ）：機械。

- ウソをつかない：不欺騙；不背叛。

  ◎ウソ ＝ うそ：謊話。

- オレにとにかく素直なわけ：反正它是很順從我的。

  ◎わけ：現在年青人在句末習慣加上「わけ」是一種流行的語氣，有「我告訴你」的意思。

- 新入り：新參加者。

- 仲間意識：同伴心態。

- 同じカマのメシを食う：同吃一鍋飯，表示同甘共苦的盟友。

  ◎カマのメシ ＝ 釜の飯。

- いずれ：終有一天；早晚。

- バカげた ＝ ばかげた：愚蠢的；沒意義的。

  ◎ばか：①愚蠢；糊塗　❀おろか；うすのろ

  　　　　△わたしはばかだった：我眞糊塗。

  　　　　②混蛋；傻瓜　❀ばか者

  　　　　△あいつはばかだ：他是個混蛋。

  　　　　③瞧不起　❀あなどる；軽べつする

  　　　　△10 円をばかにしてはいけない：別小看區區 10 圓。

  　　　　④不合理

  　　　　△そんなばかな話があるか：豈有此理。

  　　　　△ばか言え＝ばかなこと言うな：別瞎扯；胡說。

  　　　　⑤不合算　❀そんする；つまらない

  　　　　△ばかをみる：刻不來；倒霉。

  　　　　⑥不中用；失靈　❀役に立たない

  　　　　△ねじがばかになった：螺絲不靈了。

  　　　　△胡椒がばかになった：胡椒（潮了）不辣了。

  　　　　⑦厲害；過份　❀異常だ；ひどい

  　　　　△ことしはばかに寒い：今年特別冷。

  　　　　△ばかに親切な人だなあ：他過份熱心（令人起疑心）
- さんざん：再三再四的。
- ケロッとして ＝ けろっとして：若無其事地；滿不在乎地。　❀平気で
- ムシがよすぎる ＝ 虫がよすぎる：太自私；只顧自己的方便。
- ノイローゼ（❀ Neurose ）：神經衰弱。
- 連中：一群人。一伙人。
- 電柱：電線幹。
- さっさと：趕快；乾脆。
- あの世へ行く：到陰界去；死去。

27.　交通規制と道路

　日本は，イギリスと同じように（ということは香港も）車は左側通行である。台湾やアメリカは右側通行だ。その由来についてであるが，日本やイギリスでは，昔 左腰に刀や剣をさしていたわけだが，その刀や剣をぶっつけないように，左側を歩いた名残りだとの説がある。アメリカでは，右腰に拳銃を下げたので，右側通行になったらしい。（では，台湾ではどうしてなのかな？）

　したがって，運転席は，日本の場合，前に向かって右側にあるので，とくにダンプやトラックの場合，左折する時に，直進するバイク・自転車・歩行者が見えにくく，それらを巻き込んでしまう危険がある。

　交通規則については，かなり守られているといってよいであろう。三車線ぐらいある広い道路の停車中の車をみていると，信号が変ってからほぼ一斉にスタートする。（用心に越したことはないということで，更にもう一度，左右を確かめてからスタートする車もある。）だから，ほとんど「フライング」はな

い。日本人は，せっかちだ，あくせくしすぎると言われるが，この点に関しては，意外にユックリズムである。（台湾は「フライング」の方が多いように思える）。

　もっとも，欧米人からみると，信号に人が支配されすぎているケースもあるという。たとえば，深夜に，絶対車が来なくても，歩行者用の信号が赤だと，じっと青になるまで待っている日本人をみかけるという。ルール無視も困ったものだが，あまりにルールを遵守していても，融通がきかなくて困ることがある。

　このように，日本人はルールをよく守る国民といえるが，交通規則の中で，駐車禁止と速度制限の二つは，あまり守られていない。一口に言えば，どちらも実情に合っていないからだ。昔ながらの道路は，狭くて曲がりくねっているものが多い。敵を欺くためにわざとこのようにした，ともいわれている。その狭くて曲がりくねった道路を放置したまま，あっという間に，モータリーゼーションの波が訪れてしまった。これでは，車がスムーズに走れないのは当り前だし，駐車をいちいち認めていたら，車は通れなくなってしまうだろう。したがって，現在，

道路のほとんどは駐車禁止の立て札が立っている。しかし、これは実際的ではないから、ドライバーは、駐車禁止の場所でも、車が通れるスペースをあけて、駐車しているのが実状である。警察もこのあたりは心得たもので、見て見ぬふりをしているようだ。（実際、駐車違反をすべて取り締ったらそれだけで手がいっぱいになり、他の仕事はできないだろう）又、道路がこのような状態だから、一般道路では、最高速度もほとんどが40 km/hである。（法定最高速度は60 km/h）先を急ぐときに、こんなスピードで走っていたら、後続車はイライラすることだろう。ときどき、「ねずみ取り」といわれる、スピード違反を取り締まる警察官の網にひっかかってしまうドライバーもいるが、多くは、日常スピード違反（といっても、せいぜい10 km/h～20 km/hオーバー）しても、あまりつかまることはないようだ。

　一方、歩行者を保護すべき「歩道」だが、日本には、馬車の伝統がなく、いきなりクルマ社会に突入したためか、あまり整備されていない。歩道がない道路は、白線を引いて、一応歩道と車道を区別しているが、歩行者の生死は、ドライバーの心掛

け次第。しかし現在の日本では，「歩行者優先」がかなり徹底しており，たとえ車の方にほとんど非がない場合でも，歩行者をはねたら大変なことになるので，ドライバーも細心の注意を怠らない。「そこのけ，そこのけ，車が通る」というわけにはいかなくなったのだ。

　狭い路で車同士がすれちがう時や，信号のないＴ字路，十字路などでは，台湾より日本の方が，譲り合いの精神が発達しているようだ。台湾でも「互譲」と書かれた標識を見かけるが，どうもあまり守られているようには，見受けられない。

交通規則和道路

- ぶっつける：撞碰。

- ダンプ（ dump car ）：有傾倒台的貨車。

- トラック（ truck ）：卡車。

- 停車：駕駛人在車上停車。

- スタート（ start ）：開動；起步。

- 用心に越したことはない：小心總是對的。

- フライング（ flying start ）：偷跑。

- せっかち：急性子；急躁。

- あくせく：忙忙碌碌；拘泥細節。　※こせこせ

- ユックリズム → ゆっくり＋イズム：慢性子；不着急。

- 駐車：停車後駕駛人離開車子。　　※ parking

- 昔ながらの：一如往昔；依舊和以前一樣的。

- 曲がりくねる：彎彎曲曲。

- 敵：指駕駛人。

- モータリゼーション（ motorization ）：（社會生活）汽車化；摩托化。

- スムーズ（ smooth ）：順暢。

- 立て札：告示牌。

- ドライバー（ driver ）：駕駛人。

- スペース（ space ）：空間。

- 心得たもの：心裏有數；心照不宣。

- 見て見ぬふり：睜一隻眼閉一隻眼。

- 40 km／h：1 小時走 40 公里的速度。

- 先を急ぐ：趕路；趕時間。

- ねずみ取り：捉老鼠行動（喩警察取締）。

- 網にひっかかる：被網住；碰到捕網。

- いきなり：（不按步就班地）一下子；突然。 ❋一足とびに

- イライラ → いらいら：形容焦急而坐立不安。

- 心掛け次第：看心意如何。

  ◎心掛け：心地。

  △心掛けがよい：心地善良的；平素肯用心的。

  △心掛けがわるい：居心不良的；不肯費心的。

  ◎〜次第：接在名詞後表示「依〜而定」的意思。

  △今の社会は実力次第だ：現在是依實力決定勝負的社會。

  △地獄のさたも金次第：金錢能決定你的生死；有錢能使鬼推磨。

  △この縁談は本人次第だ：這件婚事要看當事人的意思而定。

- 歩行者をはねる：撞上行人。

  ◎はねる；彈出去。

- そこのけ、そこのけ、車が通る：此句的出典爲「雀の子，そこのけ，そこの
  けお馬が通る」是江戸時代俳句詩人小林一茶（1763〜1827）的名作。

  ◎そこのけ：走開；讓開。

- すれちがう；擦身而過。

- 譲り合い：互相禮讓。

28. カタカナ文字、ローマ字の氾濫

どの民族も外来語をどう扱うかが悩みの種であるが，日本人ほどむやみやたらに外来語をとり入れる民族はないのではないか。もともと，昔から日本人は外国の文物に対する好奇心が旺盛だったので，それに付随する外来語も積極的にとり入れてきた。

ただ，明治時代の日本人は，中国人が外来語を中国語に意訳したように，欧米のことばをカタカナを使わずに，なんとかして日本語（漢語）に置きかえる努力をしたようだ。【もともとカタカナは，漢字の付属的な文字で，漢文を読む補助文字としてできたものである。】たとえば，skating を「スケート」としないで「氷滑」，orgel ＜オランダ語＞を「オルゴール」としないで「自鳴琴」，passport を「パスポート」とせずに「往来手形」，bank を「バンク」でなくて「銀行」というように。それらの中には，定着して今日でも使っているものもある。（「銀行」など）

ところが，戦後はそうした努力を放棄して，外来語をそのま

まカタカナ書きしてしまうために，意味がわからず社会生活にも支障を来たすようになってきた。更に，カタカナ表記にするから，てっきり外来語かと思っていたら，昔から使われている日本語だったり【ジュードー（柔道），ショーグン（将軍）】，意味もないカタカナやローマ字を使って，ごく狭い範囲の人にしかわからなかったり【女性雑誌に多い「ノンノ」「アンアン」「ＪＪ」「ビビ」など】，逆にカタカナで書くべきところを，わざとひらがなや漢字の音を借りて意味のない漢字を並べてみたり【レストラン（ restaurant 〔Ｆ〕）を「れすとらん」，トラバーユ（ travail 〔Ｆ〕）を「とらばーゆ」，トンネルズ（ tunnels ）を「とんねるず」】これではことばの遊びが過ぎるようで，大部分の日本人は嫌気がさしてしまうであろう。

　中国大陸では，むずかしい漢字を廃止して簡体字をつくり，文盲を一掃しようとした。しかし，あまりにも簡略にしすぎたために，かえってお年寄りなどは，簡体字を見ても何の文字だったかわからず，新たな“文盲”になりつつあるという。同じように，カタカナ・ローマ字の氾濫は，日本にもお年寄りを中心にして，新たな“文盲”を生むことになろう。いや，お年寄

りだけではない。中高年層だって若者用語にはついていけず、四苦八苦しているのだ。

　いったい，どうして日本では，このようにカタカナ・ローマ字志向が強いのか。何となくカタカナの方が，スマートでハイカラで，響きがよくてナウい感じがするからであろうが，その底流には，明治以来の欧米崇拝・アジア軽視の姿勢があるのかもしれない。その欧米諸国は，日本などあまり気にもしていないのに……。

片假名、羅馬字的氾濫

• 悩みの種：令人頭痛的事；不易解決的事。

• むやみやたらに：胡亂；不管三七二十一地。

• スケート（ skate ）：溜冰。

• オルゴール（ orgel ）：音樂箱。

• パスポート（ passport ）：護照。

• バンク（ bank ）：銀行。

• 定着：扎根；固定。

• 支障を来たす：有了麻煩；帶來麻煩。

　◎支障：障碍；故障。

• てっきり：一定；深信。

　◎てっきり常用於「本來以爲一定是～，可是後來才明白其實不然」的意思。

　△あの二人はてっきり結婚すると思っていたら，その気はないのだそうだ：

　　我一直以爲他們倆會結婚，其實聽說雙方都沒有那意思。

　△この本はてっきりぬすまれたと思っていたら，机の下に落ちていた。這本

　　書我以爲一定被偸走了，結果掉在書桌下面。

• ノンノ（ non - no ）：儂儂雜誌。

• アンアン（ an-an ）：安安雜誌。

• ＪＪ：傑傑雜誌。

• ビビ（ Vi Vi ）：薇薇雜誌。

• レストラン（ restaurant ）：餐廳。

• トラバーユ（ travail ）：工作；勞動。

• 嫌気がさす：感到厭煩；討厭；反感。

• 四苦八苦：非常苦惱；費盡心思。

• ハイカラ（ high collar ）：時髦。

• スマート（ smart ）：漂亮；帥氣。

・響きがよい：好聽；順耳。

　◎ひびき：聽到的感覺。

・ナウい（ now ）：新潮。

29. 日本の紙幣について

　現在，日本の紙幣には，一万円札・五千円札・千円札，それ
に五百円札があるが，このうち五百円札はあまり使われていな
い。ところで，残りの3種類は，1984年11月に，そのデザイ
ン・肖像画が一新された。そろそろ偽造防止のために替え時だ
ったらしいが，問題は，お札の顔としてどんな人を選ぶかとい
うことにあった。これまで日本では，岩倉具視・板垣退助・伊
藤博文・高橋是清など政治家が圧倒的に多かった。それが今度
は，3人とも文化人だ。政治家となると，どうしても
評価が片寄りがちで，その点，文化人の方が比較的無難である，
ということも今回の「人事異動」の理由の一つであろう。とも
かく，日本には，故蔣総統のような国民全体から慕われるスー
パースターがいないので，誰が選ばれても，必ず，反対側から
文句がでる。もっとも，日本でも，「お札」といえば，すぐこ
の人を思い浮べるほど長い間，「お札」の代名詞として君臨
してきた人がいる。それは，聖徳太子で，1930年に百円札に
登場以来，千円・五千円，そして1984年11月まで一万円札に

使われ，つねにお札の主役としての地位を保ってきた。生まれながらにして，ことばをしゃべれたとか，1度に10人の人の話しを聞きわけることができたという伝説的なこと以外に，やはり，厚く仏教を信仰し，天皇を中心とする中央集権国家樹立に力を注いだことが，とくに人気のある理由であろう。それが今回惜しまれながら引退となったわけだ。

ところで，今回聖徳太子に代って選ばれたのは：一万円札が，慶応（義塾）大学の創始者であり，そして封建制打破を唱え，立身出世の道を切り開いた福沢諭吉；五千円札が，クリスチャン教育者として，又国際連盟事務次長としても活躍した新渡戸稲造；そして千円札が，明治・大正の文学者であり「坊っちゃん」「吾輩は猫である」などの作品で知られる夏目漱石の3人である。（台湾との関係で言えば，新渡部稲造は，1901年台湾総督府技師に任ぜられ，台湾糖業の基礎をつくった人である）

さて，その選考基準だが，新聞によると，①明治以降の人で，写真をもとにデザインがつくれる　②知名度が高い　③品行方正で批判が出にくい　④寿命を全うしている　⑤目鼻立ちがはっきりしている，ということが主な項目だったようだ。女性と

して，紫式部・清少納言・樋口一葉・与謝野晶子なども候補に

あがったようだが，いずれも①〜⑤の基準に今一歩足りず，

「落選」してしまったらしい。夏目漱石は，ほぼ満場一致で，福

沢諭吉も，まず問題はなかったという。（但し，福沢はアジア

の人々には不人気である。何しろ早くから「脱亜入欧」を唱え，

アジアを踏み台にして，日本の発展を考えた人だから）残りの

新渡戸稲造は，知名度から言えば，あまり高くない。むしろ意

外な感がする人選であった。

　しかし，考えてみれば，お札の顔として選ばれるのは光栄か

もしれないが，半面，汚ない手で扱われたり，又，しわくちゃ

にされて，無造作にポケットに入れられたり，長い間忘れられ

て机の引き出しの中に入れられたままだったりすることから考

えると，必ずしも喜んでばかりはいられない。とくに，自分が

その人を慕っていたり，尊敬したりしていれば，なおさらであ

る。（ちなみに，お札の顔を誰にするかの最終決定権は，日本

の場合，「大蔵大臣」にある。）

　又，日本では，結婚式などのめでたい場合には，なるべく新

しいお札（これをピン札という）を用い，葬式などの香典には，

しわくちゃのお札でもよいとされる。そして，結婚式などのお祝い金として，偶数は避け，奇数を用いる傾向がある。（たとえば，1万円，3万円などのように）

最近，「円高」ということで，「円」の対外価値は高いが，日本国内では，一万円の価値がどんどん下がってきている。そのため，もうそろそろ十万円札を発行してもよいのではないか，という声も多い。次に，一万円札が登場した1958年ごろから最近まで，物価がどのように上昇しているかを示す。

(1)　100円の直うちの推移

　S.21　：米1升（1.8ℓ）
　(1946)

　S.25　：タクシー（東京）
　(1950)

　S.33　：亭主のこづかい1日（一万円札発行）
　(1958)

　S.44　：コーヒー1杯
　(1969)

　S.47　：週刊誌
　(1972)

　S.50　：銭湯
　(1975)

S 54 ：国電（初のり）
（1979）

(2) 10年間にこれだけ上がった!!

㈠ 高校授業料（公立，1ヶ月）

800円（'70）→ 800円（'75）→ 5,600円（'80）

㈡ 映画料金（大人，1回）

350円（'70）→ 980円（'75）→ 1360円（'80）

㈢ 理髪料金（大人　1回）

555円（'70）→ 1430円（'75）→ 2220円（'80）

→ 2660円（'86）

有關日本的紙幣

- デザイン（ Design ）：設計；圖案

- 岩倉具視：（ 1825 ～ 1883 ）江戶時代末期到明治初期的政治家。伯爵。出身朝廷大臣貴族之家，主張尊王攘夷（打倒幕府擁護天皇、排斥外國的開國通商要求）。曾任明治政府的右大臣，1871 年率領新政府要人訪歐美各國。是最忠於皇室的功臣。

- 坂垣退助（ 1837 ～ 1919 ）：明治時代的政治家。出身武士家庭，主張自由民主。曾任明治政府內務大臣。

- 伊藤博文（ 1841 ～ 1909 ）明治時代的政治家。公爵。主張尊王攘夷，留學英國，訪歐美各國學立憲政體，曾任明治政府第一任總理大臣。1909 年被韓國人暗殺。

- 高橋是清（ 1854 ～ 1936 ）；大正、昭和時代的政治家。留美。曾任日本銀行總裁、大藏大臣。昭和初年世界性經濟恐慌時，他的政策收到成果。1936 年被過激派軍官暗殺。

- 片寄る：遍；不公平。

- 文句：異議；發牢騷。

- お礼：紙幣。

- 聖德太子（ 574 ～ 622 ）：第三十一代用明天皇之子。協助推古女皇任攝政。獎勵佛教，訂定十七條憲法及冠位十二階，與我國隋朝開始交往，派遣隋使等，致力於內政外交的革新政策。

- 福沢諭吉（ 1835 ～ 1901 ）：明治時代的啓蒙思想家。幼時學漢學，成年後學西洋學術，1860 年隨幕府遣美使節團訪美，後又訪歐洲各國。明治維新前後均不參與政治運動，也不應聘新政府，致力於近代教育活動。創辦「時事新報」；著有「学問ノススメ」「文明論之概略」等。

- 新渡戶稻造（ 1862 ～ 1933 ）：明治、大正期的農政學家、教育家。札幌農學校（今北海道大學）畢業。留美、德研究農政學。曾任第一高等學校（今東京

大學教養學部）校長，以豐富的學術和自由主義的見識，給學生們品德上的感
化頻深。他的為人和生活態度對大正期的年青人影響很大。

- 目鼻立ち：五官。

- 紫式部（生殁年不詳）：平安時代中期（10～11世紀）的宮廷女官，專門侍
候彰子皇后。從小聰慧，修漢學、佛典、音樂等。著有日本最古的長篇小說「
源氏物語」之外尚有「紫式部日記」。為日本古典女文學家中最著名者。

- 清少納言（11世紀）：平安時代中期的女文學家。和紫式部齊名。侍候定子皇
后的女官。被稱為隨筆文學的始祖，著有「枕草子」等。

- 樋口一葉（1872～1896）：明治時代的女作家。在貧苦的生活中努力寫作，
著有「たけくらべ」、「にごりえ」等名作。患肺疾，因過份勞累無錢靜養，
僅二十四歲去世。

- 与謝野晶子（1878～1942）：明治、大正、昭和的女詩人，詠出富熱情的和
歌多首及現代詩。赴歐美遊學後，對婦女問題、社會問題有了新的認識，大正
期以後從事評論活動。著有和歌集「みだれ髪」「火の鳥」、反戰長詩「君死
にたまふことなかれ」、感想集「一隅より」等多篇。

- 今一步：再一步。　㊀いまいち

- 不人気：不受歡迎。

- 無造作：隨隨便便；漫不經心。

- しわくちゃ：皺皺爛爛的。

- 大蔵大臣：日本政府的財政部長。

- 香典：奠儀。

- 円高：日本幣值昇高。

- 値うち：價值。

- S21 ＝ 昭和21年。

- 升：容積的單位，1升＝10合；10升＝1斗。

- 亭主のこづかい：丈夫的零用錢。

- 銭湯：澡堂；公共浴室。
- 国電：國營電車。
- 初のり：最起碼的車票價。

30. 外来語——どれだけできる?

　次の“練習問題”をやってみませんか。ただし,日本人でも半分ぐらいしかできない人が多いので,ご心配なく。【出典:『現代用語の基礎知識』『イミダス』(現代用語の解説)】解答は巻末にあります。

〔 A 〕和製英語

　① イメージ　アップ

　② オーダーメード

　③ ガソリン　スタンド

　④ キャンペーン　セール

　⑤ コンセント

　⑥ シャープ　ペンシル〔シャーペン〕

　⑦ バック　ネット

　⑧ バック　ミラー

　⑨ ビーチ　パラソル

　⑩ ビーフシチュー

　⑪ フォアボール

⑫ プライスダウン

⑬ フルーツパーラー

⑭ フロントガラス

⑮ ボディチェック

⑯ テーブルスピーチ

⑰ ダンプカー

⑱ ソフトクリーム

⑲ オールドミス

⑳ マイカー

㉑ ハイセンス

㉒ キスマーク

㉓ ゴーストップ

㉔ スピードダウン

㉕ テレビタレント

㉖ ハイティーン

㉗ フリーサイズ

㉘ フリートーキング

㉙ ホームドラマ

㉚ ライスカレー

㉛ マルチタレント

㉜ ソープランド

㉝ ナイター

〔 B 〕本来の英語を縮めたもの

① エンスト

② テレクラ

③ ジーパン

④ ノーパン

⑤ スタメン

⑥ マザコン

⑦ ラジカセ

⑧ ダンパ（学生用語）

⑨ ファミコン（パソコン）

⑩ ブルトレ

⑪ ドンマイ

⑫ ロンパリ

⑬ ミニコミ

⑭ ムック

⑮ ルポライター

⑯ ワープロ

⑰ レトロ

⑱ マネービル

⑲ ハイテク

⑳ パンスト

㉑ アングラ

㉒ インテリ

㉓ パーマ

㉔ ビフテキ

㉕ セコハン

㉖ ノーブラ

〔C〕対応する英語の語句がない和製英語

① ヤングミセス

② レジャーランド

③ ロマンス　グレー

④ ワンマンカー

⑤ ゴールイン

⑥ グリーンオン

⑦ マダムキラー

⑧ ペーパードライバー

⑨ ヘルスセンター

⑩ ウォーター　ビジネス

⑪ シルバーシート

⑫ スキンシップ

⑬ ナイスミドル

⑭ バック　シャン

⑮ ブラック　ユーモア

〔 D 〕語呂あわせ

① 軽チャー

② アンノン族

③ エッチ

④ スケッチ

⑤ サボる

⑥ カラオケ

⑦ フォーカスする

⑧ マーボー豆腐

⑨ スポイルする

⑩ ジャリタレ

⑪ ナウい

⑫ カーバイト

⑬ ハイブスカス

⑭ 天パー

⑮ 電リク

⑯ 懐メロ

⑰ 豚カツ

⑱ 脱サラ

⑲ 億ション

⑳ サラ金

㉑ トレペ

㉒ メモる

外来語の答

（←）は本来の英語の言い方

〔A〕① image up（←creating a better image）改善形象

② order made（←made to order）定做的衣服或貨物

③ gasoline stand（← gas station；filling station）加油站

④ campaign sale（← sales campaign）宣傳期間大減價

⑤ consent　　（←wall socket，wall outlet）（電線）插座

⑥ sharp pencil（←mechanical pencil）活心鉛筆

⑦ back net（← back stop）（棒球）捕手背後的固定網

⑧ back mirror（← rearview mirror）（汽車）後望鏡

⑨ beach parasol（← beach umbrella）（海邊）遮陽傘

⑩ beef stew（← stewed beef）爛爛牛肉

⑪ four balls（← a base on balls，walk，pass）（棒球）四壞球

⑫ price down（←mark down）減價

⑬ fruit parlor（← fruit bar）冰果店

⑭ front glas（←windshied）（汽車）擋風玻璃

⑮ body check（← body search）搜身。

⑯ table speech（← after dinner speech）宴席致詞

⑰ dump car（← dump truck）有傾倒台的貨車

⑱ soft cream（← soft-serve icecream）霜淇淋

⑲ old miss（← old maid）老處女

⑳ my car（← owner driver）私人汽車

㉑ high sense（← good taste）高雅的風度

㉒ kiss mark（← hickey）吻痕

㉓ go stop（← traffic signal）紅綠燈

㉔ speed down（← slow down）減速

㉕ TV talent (← TV star) 電視演員

㉖ high-teens (← late teens) 16～19歲的少年少女

㉗ free sizes (← fit all sizes) 通用尺碼

㉘ free talking (← free conversation) 自由談話

㉙ home drama (← soap drama) 家庭倫理劇

㉚ rice-curry (← curried rice) 咖哩飯

㉛ multitalent (multiple TV star) 萬能演員

㉜ soap-land (Turkish bath) 土耳其浴

㉝ nighter (night game) (棒球) 夜間比賽

〔B〕① engine stop (← engine failure , engine stall) 停機

② teleclu (← telephone + club) 利用電話的色情交易俱樂部

③ jeapan (← jeans + pants) 牛仔褲

④ nopan (← no + pants) 不穿內褲

⑤ stamem (← starting member) 擺出陣容

⑥ mothercom (← mother complex) 戀母情結

⑦ radicasse (← radio + cassette) 收錄音機

⑧ danpa (← dance + party) 舞會

⑨ fami com (← family computer) 家庭電腦

⑩ bluetra (← blue train) 特快臥車

⑪ donmi (← Don't mind) 別擔心

⑫ LonPari (← London + Paris) 倫敦、巴黎

⑬ minicomi (← minimum communication) 小範圍內之宣傳

⑭ mook (← magazine + book) 定期書刊

⑮ repo-writer (← reportage (F) + writer) 採訪記者

⑯ worpro (← word processor) 文字處理機

⑰ retro (← retrospective) 懷古

⑱ money buil　（←money＋building）理財致富法；存錢

⑲ hightech　（←high＋technology）高科技

⑳ panst　（←panty hose）褲襪

㉑ ungrou　（←under ground）非法

㉒ intelli　（←（俄文 intelligentsiya）　知識份子

㉓ perma　（←permanent wave）燙髮

㉔ bifteck（←beef steak）牛排

㉕ secohan　（←second-hand）中古；二手貨

㉖ no-bra（←no＋brassiere）不帶胸罩。

〔C〕①young Mrs.　少婦

② leisure land　遊樂場

③ romance gray　灰髮男性（指有魅力的中年男子）；浪漫的灰髮。

④ one man car　一人服務公車

⑤ goal in　到達終點；達到最後目標

⑥ green on　上果嶺（打高爾夫球）

⑦ madam killer　迷惑已婚婦女之男子

⑧ paper driver　已取得駕照而不開車者

⑨ health center　溫泉

⑩ water business　服務業（日文「水商売」的直譯）

⑪ silver seat　博愛座

⑫ skinship　親子關係

⑬ nice middle　快樂的中年人

⑭ back・schon　背影美人（德語Schön：美麗；美人）

⑮ black humour　反幽默

〔D〕① culture　輕薄的

② an-an＋non-no　安儂族

③ H（HENTAI）变態

④ すけべ＋エッチ　色狼

⑤ sabotage　怠工；蹺；開小差

⑥ 空＋orchestra　伴唱機

⑦ Focus　暴露隱私

⑧ 麻婆豆腐

⑨ spoil　糟塌；慣壞

⑩ ジャリ（子供）＋talent　童星

⑪ now＋い　新潮

⑫ car＋Arbeit　（車でアルバイトする）　利用自用車打工

⑬ hibiscus＋ぶす＋カス　ぶす：醜女人，hi：指年紀大。卽醜處女

⑭ 天然permanent　自然捲髮

⑮ 電話request　電話點唱

⑯ 懷かしのメロディー（melody）懷念的老歌

⑰ cutlet　豬排蓋飯

⑱ 脱salary-man　脱離領薪生活

⑲ 億mansion（万ション：mansion）現在需上億的日圓才能買到高級
　公寓。

⑳ salary-man金融　專借薪水階級的高利貸

㉑ toilet-paper　衛生紙

㉒ memo＋する　做筆記

　▸イミダス　Innovative Multi-Information Dictionary，Annual
　　Series

あとがき

　小室敦彦先生が新しい本を書いてくださった。そして今回も，中国語注釈の仕事をわたくしに，とのことで，光栄に思うと同時に，その責任の重さを痛感している。

　先生の原稿が届いてから，注釈を要すると思われることばを選び出し，なるべく適切な解説をつけることに苦心した。なお，文全体の推敲と各課の排列順序などは，荒井孝先生のご意見を伺って決めた。

　小室先生の文章を拝読していると，台湾に住んでおられたころの，才気煥発・明朗潤達な先生が思い出される。先生の文章は，台湾の日本語教育界で，歯切れのよい「小室節」として定評がある。先生が，お気持のままに述べられたことばの中には，一般の日本人が日常生活で自然に使う語彙が，ひょいひょいと現われる。例えば：「ビンタの一発や二発はもちろん……」とか，「ゲンコツが飛ぶ」とか，「オヤジはデンと構える」とか，「ジャンケンにあいこが入る」とか，「快気祝い」、「一巻の終わり」などなど。

これらは市販の日本語教科書にはあまり見られないようだが，

もし学習者が日本人とつき合う場合，または日本で生活すると
きは，きっとぶつかることばだろう。

　学習者が日本語を学ぶと共に，日本理解を深めることを目標
とするならば，この本をよく読むことが，すなわち日本に対し
て一歩進んだ見解を持つことになると思われる。中でも日本の
プロ野球と高校野球についての文は，野球の普及している台湾
で，特に学習者の興味を引くのではないだろうか。

　先生の前作『現代日本人の生活と心』I、II が多くの人に
読まれ，二年前から先生の次のお作が待たれていたので，8月
中旬に先生の原稿をいただいてから，なるべく9月中に一段落
つけたいと気負いながら，結局はこんなにおくれてしまって，
先生にも読者諸氏にも申しわけないことになった。

　本書の注釈は，原則として前の二冊で挙げたことばは取りあ
げないことにしたが，余白をたっぷりとってあるので，各自気
づいたことばを書き入れて，この本を個人の読本兼ノートとし
て利用してもらいたい。例えば：「外来語どれだけできる
？」で挙げられた略語・新語の類は，このほかにも数多くある
ので，見つけた時にすぐ余白に書き込んでおくようにすると，

自然にのボキャブラリーが増えてゆくだろう。

　語学の勉強は，日々のたゆまぬ努力があってこそ成果が見られる。わたくしのつたない注釈が，読者諸氏の学習にすこしでも役立つよう，切に願っている。

　　　　　　　　　　　1987年12月

　　　　　　　　　　　　　　謝　良　宋

本書作者簡介——小室敦彥

1969年3月　東京教育大學文學部畢業。

1969年4月～1976年3月
　　　　　　日本神奈川縣公立高校教師。

1976年9月　來臺。曾任東吳大學日語系專任講師及
　　　　　　輔仁大學東方語文學系、淡江文理學院
　　　　　　兼任講師。

1979年8月　返日，現任日本高中教師。
　　　　　　著有「日本世俗短評」　　　　（第一册）
　　　　　　　　「日本世俗短評」　　　　（續　集）
　　　　　　　　「現代日本人の生活と心」（第一集）
　　　　　　　　「現代日本人の生活と心」（第二集）
　　　　　　　　「現代の日本—その人と社会」
　　　　　　　　　　　　　　　　　　　（第三集）

◎本書註解者簡介——謝良宋

一、早稲田日本語教科書初級〈上〉註解

二、早稲田日本語教科書初級〈下〉註解

三、早稲田日本語教科書中級　註解

四、日本語入門（ Japanese for Beginners ）譯

五、現代日本人の生活と心 I 、Ⅱ

　　　小室敦彦　著　　謝良宋　註解

六、最新早稲田日本語〈基礎篇〉註解

七、現代の日本社会ーその人と社会　註解

メ　モ

メ　モ

メ　モ

現代の日本—その人と社会

定價：180元

中華民國七十六年五月初版一刷
中華民國八十九年三月再版二刷
本出版社經行政院新聞局核准登記
登記證字號：局版臺業字 1292 號

原　著　者：小室敦彦
註　解　者：謝良宋
發　行　人：黃成業

發　行　所：鴻儒堂出版社
地　　　址：台北市中正區 100 開封街一段 19 號 2 樓
電　　　話：二三一一三八一〇・二三一一三八二三
電話傳真機：二三六一二三三四
郵 政 劃 撥：〇一五五三〇〇一
E － mail：hjt903@ms25.hinet.net

本書凡有缺頁、倒裝者，請向本社調換